BEST SELLER

We can learn from the bestsellers

ベストセラーに学ぶ最強の教養

佐藤 優

Masaru Sato

文藝春秋

ベストセラーに学ぶ最強の教養

目次

第2部 生きる知恵が身につく本

第3部 物語の大きな力

はじめに

ベストセラーはなぜ「役に立つ」か？

筆者は、一九八七年八月から一九九五年三月までモスクワの日本大使館に勤務した（ただし、一九八八年五月まではモスクワ国立大学でロシア語を研修）。そのとき、ロシア（ソ連）の政治情勢を読み解くために、ベストセラーに関心を持つようになった。ロシア人によく読まれている本は、人々の言語化されない意識を表現しているからだ。

筆者がモスクワに着任した当初は、当時、「諸民族の友好」（月刊文芸誌）に連載されたアナトーリー・ルィバコフの『アルバート街の子供たち』（後に単行本になる。邦訳はみすず書房、全二巻）が爆発的に人気があった。この作品は、ブレジネフ時代に書かれたが、出版許可が下りずに眠ったままになっていた。

すでにゴルバチョフがペレストロイカ政策に着手し、表現の自由に対する規制を緩和していたが、検閲官がこの小説の単行本化を認める可能性はないと見られていた。そこで、単行本に比べれば影響力がはるかに低い、主に少数民族の文芸作品を掲載する「諸民族の友好」にさりげなくこの小説が発表されることになった。当時、ソ連では、雑誌は予約販売制度がとられていた。

予約した部数を刷るために必要な用紙は政府が割り当てることになっていた。この小説が連載されると告知されると「諸民族の友好」の予約部数は千八百万部になった。またロシア人は、この雑誌を友人に貸しだし、ぼろぼろになるまで、回し読みをした。

スターリン体制が成立する頃のモスクワを描いた小説だが、ロシア人たちはこの小説を通じて、封印されていた過去の歴史を知ろうとしたのだ。筆者の経験に照らすと、ロシア人の四人に一人はこの小説を読んでいた。この小説は、スターリン主義的なソ連を内部から崩壊させる過程で大きな影響を持った。

もっとも刷り部数ということならば、ソ連共産党中央委員会の記録は少なくとも年に数百万部は刷られ、また官僚や党活動家も仕事で必要なのでこのような本を買ったので、数字の上ではベストセラーだった。しかし、社会にはほとんど影響を与えなかった。『アルバート街の子供たち』を「諸民族の友好」に掲載することを許可した検閲官は、この本が世の中を動かすベストセラーになるとは夢にも思わなかったであろう。

ソ連崩壊前は、本屋には、『ソ連共産党員の宣伝のための手引き』、レーニン『資本主義の最高の段階としての帝国主義』、『科学的共産主義』といった類の、誰も買わないような本しか並んでいなかった。

ただし、本屋の前には、闇屋が本をバッグや大きな麻袋に入れて立っている。この闇屋と話をすると、ロシア人がどういう知識に飢えているかがわかった。ちなみに『ドストエフスキー全集』やロシア語訳の『聖書』『コーラン』『カレル・チャペック著作集』を筆者は闇屋から入手した。ソ連崩壊後、出版規制や物価統制が完全に撤廃されたので、書店に興味深い本が出てくるようになった。

本屋のベストセラーコーナーを観察すると、その時点でロシア人の読書人階級（知識人より幅の広い、思考する人々）がどのような知的指向性を持っているかがわかった。それは筆者がロシア情勢について分析する際の参考になった。

ベストセラーを通して、国民の知的指向性を分析するという手法は、ロシアに対してのみならず、米国、英国、ドイツ、日本などに対しても適用できると思う。

ベストセラーとは何か

ところで、ベストセラーというのはいい加減な概念だ。ミリオンセラーならば、百万部を超えて売れた本という定義ができるが、何をもってベストセラー、すなわち「よく売れている本」とするかは、実に曖昧だ。もっとも愛とか信頼という人間が生きていく上で不可欠な概念も、実のところ曖昧なので、ベストセラーについて厳密な定義をする必要はないのであろう。いずれにせよ、よく売れて、世の中に影響を与える本は、確実に存在する。

また、短期間に爆発的に売れたのではないが、じわじわと長い時間をかけて売れ続けるロングセラーと呼ばれる本がある。どれくらいの期間、そして、どれくらいの部数が売れればロングセラーになるかという明確な基準はない。しかし、ある程度の部数が売れて、世の中に無視できない影響を与える本が確実に存在する。

ベストセラーやロングセラーとされた本を通じて、日本の近現代を読み解き、真の教養を身につけようというのが、本書の目的だ。

それでは近年のベストセラーの傾向を見てみよう。取次会社・日販（日本出版販売株式会社）のウェブサイトによると、二〇一三（平成二十五）年上半期のベストセラー（集計期間二〇一二年十二月一日〜二〇一三年五月三十一日）の上位十冊は、次のようになる。

一位『色彩を持たない多崎つくると、彼の巡礼の年』村上春樹（文藝春秋）
二位『聞く力』阿川佐和子（文藝春秋）
三位『とびだせ　どうぶつの森　かんぺきガイドブック』週刊ファミ通編集部（エンターブレイン）
四位『医者に殺されない47の心得』近藤誠（アスコム）
五位『できる大人のモノの言い方大全』話題の達人倶楽部（青春出版社）
六位『謎解きはディナーのあとで3』東川篤哉（小学館）
七位『世界のなめこ図鑑』『続・世界のなめこ図鑑』金谷泉ほか（エンターブレイン）
八位『とびだせ　どうぶつの森　ザ・コンプリートガイド』電撃攻略本編集部（アスキー・メディアワークス）
九位『スタンフォードの自分を変える教室』ケリー・マクゴニガル（大和書房）
十位『海賊とよばれた男　上・下』百田尚樹（講談社）

上位十冊のうち、小説は『色彩を持たない多崎つくると、彼の巡礼の年』、『謎解きはディナーのあとで3』、『海賊とよばれた男』の三冊だけだ。それ以外は、コミュニケーションの技法や健康、自己啓発など、実用性に関する本が多い。『とびだせ　どうぶつの森』のガイドブックと『世界のなめこ図鑑』などは、ゲームやアプリに関連した本だ。ゲームの攻略法やアプリのキャラクターについて知っておくことが、その世界の人々にとっては死活的に重要だ。ゲームが書籍の世界を浸食している現状を端的に示している。

以上を通じて、現下の日本人は「自分の役に立つことを読書を通じて知ろうとする傾向がある」と筆者は分析する。

「やり直し」の物語

いったい過去にどのような書籍がベストセラーになったのであろうか。主に「出版年鑑」（出版ニュース社）のデータを基にリストを作成し、その傾向を読み解いてみたい。

まず、二十一世紀が始まる節目となった二〇〇〇（平成十二）年には、どのような本が売れたのであろうか。

一位『だから、あなたも生きぬいて』大平光代（講談社）

二位『ハリー・ポッターと賢者の石』『ハリー・ポッターと秘密の部屋』J・K・ローリング（静山社）
三位『話を聞かない男、地図が読めない女』アラン・ピーズ他（主婦の友社）
四位『これを英語で言えますか？』講談社インターナショナル編（講談社インターナショナル）
五位『「捨てる！」技術』辰巳渚（宝島社）

日本の小説が一つも入っていない。人生をドロップアウトしかけた人が一念発起して司法試験に合格し、弁護士になった体験記『だから、あなたも生きぬいて』が売れたのは、「やり直し」の物語に多くの読者が共感したからと思う。英語や整理術などの実用的な知識を身につける本の人気が高いのは、二〇一三年上半期と同じだ。

謝先生が主治医だった

それでは、新日米安保条約締結をめぐって、大規模な抵抗運動が起き、岸信介首相が辞任に追い込まれた一九六〇（昭和三十五）年にはどのような本が読まれたのであろうか。

一位『性生活の知恵』謝国権（池田書店）

二位『私は赤ちゃん』松田道雄（岩波書店）
三位『どくとるマンボウ航海記』北杜夫（中央公論社）
四位『頭のよくなる本』林髞（光文社）
五位『トイレット部長』藤島茂（文藝春秋新社）

ちなみに筆者は、一九六〇年一月十八日に東京都渋谷区の日本赤十字病院本部産院で生まれた。筆者の兄が死産し、そのときに母は帝王切開を受けていたので、難産になることが想定され、この病院に入院したのだ。そのときの主治医が謝国権先生だった。謝国権先生は、体位を図解した性生活の手引きを書いたので、当時は、相当「色物の医師」と見られていたようである。

ただし、謝国権先生の産婦人科医としての腕は見事だった。想定通り、筆者は異常分娩で鉗子を用いることになったが、謝国権先生は、筆者の頭蓋骨を曲げることなく、見事に取り出してくださった。

北杜夫『どくとるマンボウ航海記』は、現在も読み継がれている名作だ。

さて、一九五二（昭和二十七）年四月二十八日にサンフランシスコ平和条約が発効し、日本は独立を回復した。同時に、同条約三条に基づいて、沖縄、奄美、小笠原が、米国の施政権下に入り、日本の憲法、法令、規則が沖縄などには適用されなくなった。現在、東京の中央政府と沖縄県の緊張が増しているが、その原因のかなりの部分がサンフランシスコ平和条約による戦後処理に起因している。この年にはどのような本が読まれていたのであろうか。

一位『新唐詩選』吉川幸次郎・三好達治（岩波書店）
二位『人間の歴史』安田徳太郎（光文社）
三位『ニッポン日記　上・下』M・ゲイン（筑摩書房）
四位『千羽鶴』川端康成（新潮社）
五位『生きている日本史』高木健夫（鱒書房）

歴史に関する本が二冊入っている。高木健夫（一九〇五～八一）は、中国通の読売新聞記者だ。一九三九年に北京で「東亜新報」を創設し、主筆となった。戦後は読売新聞に戻り、論説委員として活躍した。高木はこの年に『日本という名の独立国』（河出書房）も上梓している。時代の流れに敏感で、筆力のあるジャーナリストだ。
安田徳太郎（一八九八～一九八三）は、京都生まれの医師で、作家を副業にしていた。ドイツ語、英語に堪能で『精神分析入門』『性と愛情の心理』などフロイトの翻訳で有名だ。同時にソ連に対して共感を覚え、戦前に『五ケ年計画の話――新ロシア入門』（鉄塔書院、一九三一年）、『臨床医学と弁証法的唯物論』（ナウカ社、一九三三年）を訳している。

安田は、ゾルゲ事件（ドイツの記者で駐日ドイツ大使の顧問であるリヒャルト・ゾルゲを中心とするソ連のスパイ網を摘発した事件。関係者の逮捕は一九四一年九月から翌四二年六月にかけて行われた）に連座し、懲役二年、執行猶予五年の刑を言い渡された。

後に安田は日本語の起源は、インドのレプチャ語だという独自説を唱え、論争を引き起こした。アカデミズムでは日本語の起源に関する安田の独自説はまともな考察の対象にされなかった。

「冷静な小説」が読まれた

さて、時代の転換期にベストセラーはどのように変化するのであろうか。太平洋戦争中は、書籍用の用紙も配給だったので、商業主義ではなく、国策が反映されたベストセラーが生まれた。一九四四～四五（昭和十九～二十）年八月まではどのような本が読まれたのであろうか。

一位『御盾』山岡荘八（講談社）
二位『元帥山本五十六』山岡荘八（講談社）
三位『おばあさん』獅子文六（新潮社）

四位『宿敵米英ヲ撃テ』松村秀逸（漫画社）
五位『陸軍』火野葦平（朝日新聞社）

軍国作家時代の山岡荘八（一九〇七〜七八）が本領を発揮しているという感じだ。

火野葦平（一九〇七〜六〇）の『陸軍』は、幕末から太平洋戦争の初期まで、陸軍というプリズムを通して国民の生活を描いた傑作だ。国民の戦意を鼓舞するというよりも、来るべき大破局をどう受け止めるかということを読者に考えさせる内容だ。ちなみに朝日新聞社の単行本の奥付は一九四五年八月十五日になっている。

獅子文六（一八九三〜一九六九）の『おばあさん』は、時局への迎合を極力避けながら、家族の生き残りをテーマにしている。火野葦平や獅子文六の小説を読むと、戦時下でも日本人は冷静な小説を好んだことが浮かび上がってくる。

戦時に隠されていたもの

さて、終戦後、一九四五年（九月以降）には、爆発的なベストセラーが出た。他の追随を許さない一位である。
一位『日米会話手帳』小川菊松（科学教材社）
小川が創業した誠文堂新光社のウェブサイトには、本書について、一九四五年に〈「日米会話手帳」発行、360万部以上を売りつくし、出版界の記録を作る〉と記されている。生き残るためには、占領者である米国人の言葉を覚えなくてはならないという切実感が、このベストセラーを生み出したのであろう。

出版の世界で、実質的な戦後が始まったのは、一九四六（昭和二十一）年からだ。この年に読まれた本を見てみよう。

『旋風二十年』森正蔵（鱒書房）
『愛情はふる星のごとく』尾崎秀実（世界評論社）
『腕くらべ』永井荷風（新生社）
『哲学ノート』三木清（河出書房）
〔朝日ジャーナル編『ベストセラー物語』より〕

尾崎秀実（一九〇一～四四）は、元朝日新聞記者で近衛文麿首相のブレインだった。ゾルゲ事件に連座して、一九四四年十一月七日（ロシア革命記念日）に巣鴨の東京拘置所で、ゾルゲとともに絞首刑にされた。『愛情はふる星のごとく』は、尾崎が獄中から家族に宛てた書簡集だ。

三木清（一八九七～一九四五）は、京都学派を代表する哲学者だ。ドイツに留学して、リッケルトやハイデガーの教えを受ける。一九二五年に帰国した後にマルクス主義に接近し、一九三〇年に共産党に資金を提供した嫌疑で逮捕され、転向する。一九四五年に治安維持法違反で再逮捕され、豊多摩刑務所に収監される。そして、終戦から一カ月以上経った一九四五年九月二十六日に独房で病死した。『哲学ノート』は、現在でも哲学を学ぶときの手引きとなる優れた本だ。

永井荷風（一八七九～一九五九）の『腕くらべ』は花柳界を舞台にしている。戦時体制下では、軟弱だというレッテルが張られ、この種の小説を読むことがはばかられる雰囲気があった。

ここで筆者が特に興味深く感じたのは、森正蔵（一九〇〇～五三）の作品に対する読者の絶大なる信頼だ。森は、東京外国語学校（現東京外国語大学）のロシア語部を卒業し、毎日新聞の記者になった。そしてハルビン、モスクワに特派員として勤務する。マスメディアにおけるソ連通として森は有名だった。終戦時は、毎日新聞社会部長だった。

終戦後、森は、検閲を意識して書けなかった過去二十年の出来事を大急ぎでまとめ『旋風二十年　解禁昭和裏面史』と題して、一九四五年に上巻を、翌四六年に下巻を刊行した。四七年に補訂した合冊本が刊行された。合冊本は、二〇〇九年にちくま学芸文庫に収録されている。その目次を掲げておく。

張作霖の爆死
ファッショ団体を衝く
「宝刀」を抜いた関東軍
吹きまくる満洲颪
二・二六前後
中国侵略の内幕
事変処理の裏面
破局に導いた枢軸外交
日米交渉の真相
風雲慌しき南方基地
「和製ナチ」東条軍閥
軍艦旗落つ
「共貧圏」の確立へ

一九四六年のベストセラー本を見ると、戦前、戦中の情報統制が解除された後、国民がどのような知的指向性を持っていたかがよくわかる。

同時にGHQ（連合国軍総司令部）は、「プレスコード」を設定し、占領政策に支障を来す言論を排除した。しかし、日本を破滅に導いた軍国主義的言説を制限することに対するマスメディア、国民の忌避感はあまりなく、ＧＨＱによるスマートな検閲は、一般国民にはほとんど意識されずに実施された。

現代に役立つヒント

これまで、一九四四（昭和十九）年から近年に至るベストセラーについて、駆け足で見てきた。ベストセラーが時代の特徴を示していることは、間違いない。それと同時に、ベストセラー、さらにその著者であっても、歴史の記憶に残るのはごく一部の人に過ぎないということだ。

小説家でも山岡荘八は、『徳川家康』などが戦後もベストセラーになり、またＮＨＫの大河ドラマになったことから誰もが記憶しているが、火野葦平、獅子文六になると、五十歳以下の読者では小説に関心がある人しかその作品を読んだことはないと思う。

ちなみに筆者は、現在六十一歳であるが、筆者の世代は獅子文六の名前をおぼろげに覚えている。それは一九六九年に獅子文六原作の『胡椒息子』がＴＢＳの連続テレビドラマとして放映されたからだ。中村光輝（後の三代目中村又五郎）が扮する牟礼昌二郎は、長い間、親戚の家に預けられていたが、あるとき実家に戻される。実業家で裕福な実家の母や兄弟姉妹は昌二郎に対して冷たい。実は、昌二郎は父が芸者との間につくった非嫡出子なのである。自らの出自を知った昌二郎は悩むが、最終的に家族が心の底から和解するというドラマだ。このドラマは毎週月曜日に放映されていたが、火曜日の朝は小学生たちはみんな前日の『胡椒息子』の話でもちきりだった。

それでも小説家は、歴史の記憶に残りやすい。村上春樹の名は二十二世紀になっても確実に記憶されているであろう。これに対して、ノンフィクションについては、作品も著者も簡単に忘れ去られてしまう。

高木健夫、森正蔵など国際情勢に通暁した一級の著者であっても、その名前も作品も、歴史には記憶されない。ただし、これらの人の作品を読み解くと、現代に役立つヒントを得ることができる。このヒントを探し出す作業を、明治期から現在までのベストセラーを探索するなかで行いたいと考えている。

また、これらの本を読み解くことで、日本の歴史をより深く理解することができるようになると筆者は確信している。

第1部

真の教養が身につく本

応仁の乱

呉座勇一◉著

混乱する現代との類似性

本書は二〇一六年十月に刊行されたが、二〇一七年七月には二十五刷で四十万部を超えている。歴史書でこれだけ大きなベストセラーが出たのは久しぶりだ。

その理由は呉座氏が実証性を重視する優秀な学者であると同時に優れた文才を備えているからだ。五百六十年前の出来事である応仁の乱をめぐる人間の物語が、二十一世紀の日本人にもリアルに迫ってくる。

呉座氏は、自らの応仁の乱解釈を示す前に、通説的見解を紹介する。日本史専門家でない一般の読者を対象とする書籍であることを呉座氏が意識しているので、このようなていねいな記述をするのだ。

〈応仁の乱は応仁元年（一四六七）から文明九年（一四七七）まで一一年にわたって繰り広げられた大乱である。室町幕府の八代将軍足利義政には息子がいなかったので、弟の義視を後継者としたが、その直後に義政の妻である日野富子が男児（のちの義尚）を出産したため、富子は我が子を将軍にしようと画策、折しも幕府の実権を握ろうとして争っていた細川勝元と山名宗全の両雄がこの将軍家の御家騒動に介入したために応仁の乱が勃発した……というのが一般的な説明である。（中略）／応仁の乱勃発当初は京都のみが戦場であったが、やがて戦乱は地方に波及し、全国各地で合戦が行われた。これだけ大規模で長期にわたる戦乱なのに、大名たちが何のために戦ったのか見えてこないというのは不思議である。劇的で華々しいところがまるでなく、ただただ不毛で不条理。これが応仁の乱の難解さ、ひいては不人気につながっているのだろう。〉

もっとも現在の国際情勢を見ても、米国のトランプ大統領や北朝鮮の金正恩労働党委員長の言行など、不毛で不条理なことが多い。国内でも政治家は、当事者にとっては深刻なのであろうが、日本の国家や国民とは関係のない権力闘争に明け暮れている。それだから、現代と容易に類比可能な応仁の乱への関心が高まっているのであろう。

呉座氏は、南都奈良の二人の僧侶の視座から応仁の乱を観察する。

〈この課題に取り組む上で絶好の史料が『経覚私要鈔』と『大乗院寺社雑事記』である。いずれも室町時代を生きた興福寺僧の日記である。前者の記主である経覚も、後者の記主である尋尊も、応仁の乱を実際に体験し、乱に関する質量豊かな記述を日記に残している。／経覚も尋尊も奈良で生活しており、彼らが入手する京都や地方に関する情報の中には不正確なものや噂、デマの類が少なくない。したがって、応仁の乱の全体的な構図や経過をつかむ上では最適の史料とは言えない。しかし、（略）僧侶・貴族・武士・民衆が大乱の渦中でどのように生き、何を考えていたかが分かるという点で、二人の日記は他のどんな史料にも代え難い価値を有する。〉

応仁の乱の中心ではないが、京都に次ぐ政治と学術の拠点であった奈良から、事態の推移を観察することで、当事者から適度の距離を保つことができた。この二人の日記をていねいに読み解き、さらに他の史料と突き合わせて考察することによって、複雑な戦乱を過度に単純化せずに物語り、最終的には説得力のある形で、応仁の乱前の京都を中心とする中央集権的体制が崩壊し、日本の国家と社会の構造が変化していく様子を見事に描いている。

呪いの儀式

細部で興味深かったのは、「名字を籠める」という呪いだ。応仁三（一四六九）年、興福寺の人事問題を巡り、学者の僧侶集団（学侶）が行ったこの呪いの儀式について呉座氏は詳しく説明する。

〈学侶は番条長懐への懲罰として「名字を籠める」という措置を行っている。「名字を籠める」とは何か。植田信廣氏や酒井紀美氏の研究によれば、寺社に反抗した者の「名字」を紙片に書き付け、それをどこかに封印し、呪詛する行為を意味するという。今のところ、興福寺・薬師寺・東大寺など大和国の寺院でしか確認されていない。〉

「名字を籠める」というのは、どうも南都独特の呪いのようだ。

〈僧侶の名が籠められることもあるので、ここでの「名字」は苗字のことではなく、呪詛対象者を特定する名前を指す（略）。名字を籠める場所はまちまちであるが、手水釜に入れたり内陣に籠めたり社頭に打ち付けたりしている。名を籠めた後に僧侶たちが南円堂に集まって大般若経を唱え、調伏の祈禱を行う。（略）／名字を籠める主体は、学侶、六方、学侶・六方共同のいずれかであり、たとえば門主が私的に名字を籠めることはできない。（略）集会を開いて全員の賛同を得て、神水をくみかわして神に誓約する形をとらなければ、（略）決定できないのである。よって、名字を籠めるという行為は私的制裁ではなく、学侶・六方という興福寺内の意思決定機関において一定の手続きに則って実施された公的な刑罰である。／名字を籠められる対象は主に衆徒・国民などの武士であり、百姓の名が籠められることはない。衆徒・国民らが興福寺の荘園支配を妨げた場合に、彼らを興福寺への敵対者（「寺敵」「仏敵」）と断定し、名を籠めるのである。〉

「名字を籠める」という呪いは、組織の決定と正しい手続きに従って行えば、誰が行っても効果がある。むしろ発想としては、近代的自然科学に近い。
〈名を籠められた者には、発病・発狂・急死といった災いがふりかかる。この時代、悪病にかかって頓死することは珍しくないが、名を籠められた者が急死したら呪いのせいだと人々は考えた。つまり名を籠めるという行為は、神や仏の罰を恐れる中世人の信仰心を利用した宗教的制裁である。もっとも、（略）中世人とて神仏を絶対視していたわけではなく、宗教的恐怖心を強調しすぎるのは疑問である。／名を籠めるにあたって、その事実が公示されたことに注目した植田氏は、呪術的な機能だけでなく、侍身分を剝奪する意味もあったと主張している。身分剝奪とまで言えるかどうかは議論の余地があるが、対象者を貶める社会的な効果は期待されていただろう。〉

筆者のように基礎教育がプロテスタント神学だと、社会的機能よりも宗教的恐怖心の方が人間に大きく作用するように思えてしまう。

現代でも、通信販売で「呪いのわら人形」が販売されているが、職場の部下や同僚からわら人形を用いた呪いをかけられていると知った人は、かなりの恐怖心を覚えるはずだ。科学的には意味がなくても、人間の心理に影響を与えるという意味で、永田町（政界）や霞が関（官界）の権力闘争において呪いは現在でも無視できない影響を持つというのは、筆者の外務官僚時代の経験に照らしても正しいと思っている。

各地にできた小京都

応仁の乱の結果、権力が京都から地方に分散する。

〈十五世紀後半以降、在国するようになった守護・守護代は、国元に立派な館を築いている。これらの守護館（守護所）の遺跡は（略）、そのほとんどが平地の、一辺が一五〇〜二〇〇メートルほどの方形館で、その敷地内には連歌や茶の湯を行う建物「会所《かいしょ》」があった（略）。主殿・常御殿《つねごてん》・遠侍《とおさぶらい》などの配置も判で押したようである。（略）／こうした守護館の構造は、「花の御所」（室町殿）などの将軍邸を模倣したものだった。地方に下ってきた守護や守護代はかつて京都で味わった文化的生活を懐かしみ、分国において華やかな日々を再現しようと試みたのである。中世都市史研究者の小島道裕氏は、このような京都文化の地方における再生産のあり方を「花の御所」体制と呼んでいる。／また公家・歌人の冷泉為広《れいぜいためひろ》が記した「越後下向日記」によれば、越後守護上杉氏が府中に構えていた館には犬追物を行う馬場や賓客を泊める禅宗寺院が付属していたという。このような構造も、京都の将軍御所を意識したものと考えられる。川の西側に守護館を建てる事例が多いのも、鴨川の西に平安京が築かれたことに学んだのだろう。／山口も周防守護の大内氏によって、京都をモデルにした地方都市として整備された。〉

応仁の乱で荒廃した京都に見切りをつけて守護大名は、自らの所領に拠点を移すようになった。その結果、地方にいくつもの「小京都」が生まれたのである。それと対照的に京都から首都機能が奪われていく。

〈一方、現実の京都はというと、守護や奉公衆の在国化によって住民が激減し、市街域も大幅に縮小した。戦国期の京都は、武家・公家を中心とする上京、町衆を中心とする下京、および周辺の寺社門前町という複数のブロックから成る複合都市として機能した。数々の「洛中洛外図屏風」は豪華絢爛たる花の都を活写しているが、これは理想の京都を描いた「絵空事」であり、実像とは大きく懸け離れていた。地方における「小京都」の林立と京都の荒廃は、表裏一体の事態として進行したのである。〉

あの絵巻に書かれている絢爛豪華な京都は空想の産物なのだ。

いくつかの偶然の要素が積み重なって大混乱が起きると、二十一世紀の応仁の乱が世界的規模で発生するのではないかという不安を覚えつつ本書を読み終えた。

バカの壁

養老孟司◉著

新書ブームに火を点けた超ベストセラー

二〇〇三年四月に上梓された本書は、四百三十六万部を超える超ベストセラーだ。本書が新書ブームに火を点けたと言ってもよい。

知りたくないことに耳を傾けない人は多い。特に現在、政治の世界で流行になっているのは、実証性と客観性を軽視もしくは無視して、自分が欲するように世界を理解する態度を特徴とする反知性主義だ。反知性主義の構造を理解するためにも『バカの壁』は必読書だ。

養老氏は、脳への入力、出力という点に着目した一次方程式についてこう述べる。〈五感から入力して運動系から出力する間、脳は何をしているか。入力された情報を脳の中で回して動かしているわけです。／この入力をx、出力をyとします。すると、y=axという一次方程式のモデルが考えられます。（中略）／このaという係数は何かというと、これはいわば「現実の重み」とでも呼べばよいのでしょうか。人によって、またその入力によって非常に違っている。通常は、何か入力xがあれば、当然、人間は何らかの反応をする。つまりyが存在するのだから、aもゼロではない、ということになります。／ところが、非常に特殊なケースとしてa＝ゼロということがあります。この場合は、入力は何を入れても出力はない。出力がないということは、行動に影響しないということです。／行動に影響しない入力はその人にとっては現実ではない、ということになる。〉

「馬の耳に念仏」という状態がまさにそれだ。エスノクレンジング（民族浄化）を行う民族主義者、「イスラム国」（ＩＳ）でジハード（聖戦）を口実に拉致した人々の首を切り落とす過激派に、言葉での説得は意味をなさない。それでは、このような「絶対に正しい事柄がある」と確信し、自らの目的を達成するためには暴力やテロに訴えることも辞さない人の、脳への入出力はどうなっているのであろうか。養老氏は、〈a＝ゼロの逆はというと、a＝無限大になります。このケースの代表例が原理主義というやつです。／この場合は、ある情報、信条がその人にとって絶対のものになる。絶対的な現実となる。つまり、それに関することはその人の行動を絶対的に支配することになります。〉と指摘する。

筆者にとって、絶対に正しい事柄は存在する。プロテスタントのキリスト教徒なので、神の存在を信じているし、イエス・キリストを信じることによって救われると思っている。また、マルクスが『資本論』で展開した、「労働力の商品化」というキーワードを元に分析すれば、資本主義社会の構造を客観的かつ実証的に明らかにできると考えている。これらの事柄は、筆者にとって、絶対的に正しいが、他の人にとってはそうではないと思う。絶対に正しい事柄は存在するが、その内容は、文字通り、人それぞれなので、この世界には複数の絶対に正しい事柄が存在するという前提で、多元性と寛容が社会における最も重要な価値であると筆者は考える。人間の社会には、複数のバカの壁があることを認めなければならない。こういう発想になるのは、筆者の脳の中には複数の一次方程式が並立しているからだと思う。

目が離せないくだり

さて、『バカの壁』が上梓されたとき、筆者は、東京拘置所の独房に勾留されていた。この本を読んだのは、二〇〇三年十月八日に保釈になった直後のことだ。当時、筆者は京浜東北線与野駅そばに住んでいた母のもとに身を寄せ、月に一度の出廷以外は、読書を中心とする生活をしていた。与野駅西口の書店兼文房具店で本を買い、さいたま新都心駅まで歩いて、カフェで本を読むのが日課だった。スターバックスで、キャラメルマキアートを飲みながら『バカの壁』を読んでいると、以下のくだりから目を離すことができなくなった。

〈鈴木宗男氏との癒着の問題で、外務省の次官が外国から呼び戻された時に、帰国しての第一声で「外務省はこの難局に当たって一致団結し……」と言ったのは象徴的でした。実に頭に来ました。／それまでさんざん、同僚が愛人の名をつけた競走馬を買っただの、鈴木氏と癒着して勝手放題していただのという問題が指摘されたところにもってきて、「みんなで一致団結」というのはどういうことなのか。世間は誰もそんな姿勢を求めておらず、当然、悪い膿を出すことを期待していました。にもかかわらず「省員の一致団結」とは……。いかに彼らが世論を考えておらず、共同体の成員としての考え方しかないかというのが、その一言でわかった気がしました。〉

逮捕される二カ月前、外務省の官房審議官に呼ばれて、ある取り引きを持ちかけられたことが鮮明に記憶に甦ってきた。この人は、田中真紀子外相時代に官房長をつとめていたが、田中氏と衝突して官房長を更迭され官房審議官になった。外務省は、この審議官をトップとする田中氏の信用失墜を図るための秘密室を作った。この秘密室には、筆者の親しい友人や部下も加わっていた。田中氏の信用を失墜させる外交秘密を記者や国会議員に流すのが、秘密室の仕事だった。新次官の「外務省はこの難局に当たって一致団結し」という方針の下、この審議官は、鈴木宗男放逐の切り込み隊長になった。鈴木氏との関係の事情聴取という名目で、筆者は審議官に呼び出された。事情聴取が行われた小部屋には、審議官と速記者しかいなかった。事情聴取の最後で、審議官は速記者に、テープを停めて外に出るように言った。そして、筆者にこう囁いた。

「鈴木さんのことで、君がどれくらい苦労したか、僕たちはよくわかっている。君は外務省のために実によく頑張ってくれた。感謝しているよ。しかし、世の中の風は君もわかっているだろう。鈴木宗男について、君しか知らないことを教えてくれないか。そうすれば、君も生き残ることができる」

口調は優しかったが、脅迫だった。筆者は、「せっかくのお話ですが、お断りします。私は外務省主任分析官の佐藤優として、鈴木宗男さんには北方領土問題で国益を推進するために力を貸してもらったことがあるので、恩義を感じています。また、人間・佐藤優としても鈴木宗男という人を尊敬しています」と答えた。審議官は、「そうか」とひとこと言って、それ以上、踏み込んではこなかった。このとき外務省は筆者を完全に切り捨てる腹を固めたと思う。筆者は、他の外務官僚と「一致団結し」というバカの壁を共有することができなかったのである。

もっとも筆者が鈴木攻撃に加わっていたらどうなっていただろうか。筆者は余計なことを知りすぎており、外務省から追い出すと、何を暴露するかわからないから、組織の中には留めていただろう。しかし、東京に置いていると、再び有力な政治家と親しくなり、外務省幹部の統制を外れることになると恐れ、在外公館に出したと思う。中央アジア、中東、アフリカ、中南米などで、日本の新聞社や通信社の支局がない国だけを六十三歳の定年になるまで、たらい回しにされただろう。もっとも、それはそれで、さまざまな異文化に触れる有意義な仕事をすることができたと思う。外務省の常識は世間一般の非常識であるというバカの壁を認識することができただけでも、鈴木宗男疑惑に巻き込まれ、東京地方検察庁特別捜査部に逮捕され、東京拘置所の独房で五百十二日間暮らしたことも無駄ではなかったと思う。

一神教は偏狭か

さて、本書の以下の記述から、養老氏にもバカの壁があることを感じた。〈細かいニュアンスを飛ばして簡単に分類すれば、カトリックとプロテスタントだったら、プロテスタントのほうが明らかに原理主義に近く、しかも都会型です。結局、ゲルマン民族が、キリスト教という基盤の上で改めて都市宗教として作り出したのがプロテスタントだった。カトリックというのは中世の間に、言ってみれば部族宗教、つまりゲルマンの自然宗教と融合していった宗教ですから、実質的には多神教的な面がある。（中略）／非常に一神教の色合いが強いのが、イスラム教であり、プロテスタントです。だから、イスラムとアメリカが喧嘩しているのは、こちらから見ると一神教同士の内輪もめにしか過ぎない。／一神教の人たちは、「あの人たちとは話が合わないのだから放っておきゃいい」という風では気

が済まない。お互いに「あいつらは悪魔だ」と言いあっている。一歩引いて見ればお互い様なのですが。〉

一神教が偏狭で、多神教もしくは神を想定しない仏教が寛容であるというのは、実態から乖離した、まさにバカの壁だ。オウム真理教は仏教から派生したたし、スリランカのテロリストには仏教徒が少なからずいる。プロテスタント教会は、カトリック教会よりも、他教派、他宗派に対して寛容で、共存を図ろうとするエキュメニカル運動に熱心だ。

一神教徒にとって重要なのは、神と自分との関係だ。従って、他の人たちが何を信じているかについては、基本的に無関心だ。「あの人たちとは話が合わないのだから放っておきゃいい」というのが、一神教徒の基本的宗教観だ。自分の宗教を他者に強要するという姿勢は、特定の時代や民族の文化帝国主義との関係で理解すべき事柄と思う。テキストから養老氏もバカの壁から逃れることができていない点が明らかになるというからくりも本書の面白さである。

失敗の本質

戸部良一／寺本義也／鎌田伸一／杉之尾孝生／村井友秀／野中郁次郎◉著

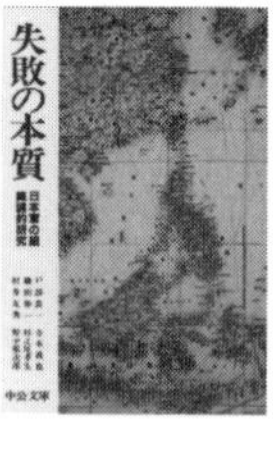

日本型組織の長所と短所

日本の企業、官庁などの組織が持つ長所と短所についてバランスよく解明した古典的名著だ。筆者は、本書を一九八四年に刊行された直後に読んだ。当時、筆者は同志社大学大学院神学研究科修士課程の二年生で、大学院を出た後は外務省に勤めようと思って外交官試験の準備をしていた。自分が疎い官僚組織についての知識を身に付けようと思い、「日本軍の組織論的研究」という副題に引き寄せられて、学生会館二階の生協購買部でこの本を手に取って、立ち読みをした。面白そうなので購入して、同じ階にある喫茶店でむさぼるようにして数時間で読んだことを覚えている。まず、印象に残ったのが、名提督と思っていた山本五十六連合艦隊司令長官に対する以下のような辛口の評価だ。

〈その戦略構想は、真珠湾攻撃とミッドウェー作戦に見られるように短期決戦思想に強く彩られている。「それは、これからの海上作戦はいかなる様相で戦われるかを徹底的に究明し、航空兵力こそ作戦の主兵であるとの認識に基づいて立てられた作戦でなかった」（千早正隆『日本海軍の戦略発想』）のである。「大勢に押されて立上がらざるを得ずとすれば、艦隊担当者としては到底尋常一様の作戦にては見込み立たず、結局桶狭間と鵯越《ひよどりごえ》と川中島とを併せ行うの已むを得ざる羽目に追い込まれる次第に御座候」といっていたように、開戦時の連合艦隊の作戦計画は、伝統的艦隊決戦と山本長官の真珠湾奇襲攻撃の妥協案であった。それは帝国海軍の継戦能力の冷徹な分析に基づいたものであったが、井上成美中将の持久戦をも考慮した航空戦力重視構想とは異なる。その点で、「日露戦争の戦訓で太平洋戦争を戦った」とも指摘されている。〉

根回しと腹のすり合せ

その後、外交官になってからも、本書を何度も読み直した。本書の内容のほとんどは、外務省をはじめとする官僚組織に現在もあてはまると思った。特に教育制度についてだ。〈教育システムについては、代表的なものには陸軍士官学校、海軍兵学校があり、さらに、陸士、海兵の上に陸軍大学校ならびに海軍大学校があった。／教育内容については、海軍兵学校では理数系科目が重視され、また成績によって序列が決まったので、大東亜戦争中の提督のほとんどは、理数系能力を評価されて昇進した。陸軍士官学校では、理数よりも戦術を中心とした軍務重視型の教育が行なわれた。理解力や記憶力がよく（これは理数系重視型教育においても同様であるが）、それに行動力のある者は成績がよかった。しかし陸軍の場合には、海軍と異なり陸士の成績よりは陸大の成績がその後の昇進を規定した。陸大卒業者は、記憶力、データ処理、文書作成能力にすぐれ、事務官僚としてもすぐれており、たとえば東条大将はメモ魔といわれたほどだが、またその記憶力のよさも人を驚かせていたといわれる（熊谷光久「大東亜戦争将帥論」）。／このような教育システムを背景として、実務的な陸軍の将校と理数系に強い海軍の将校が、大東亜戦争のリーダー群として輩出してきた。しかしいずれのタイプにも共通するのは、それらの人々がオリジナリティを奨励するよりは、暗記と記憶力を強調した教育システムを通じて養成されたということである。〉

難関大学の入学試験、国家公務員試験、司法試験で問われるのは教科書の内容を記憶し（必ずしも理解していなくてもいい）、その内容を一時間半から二時間の制限時間内に筆記試験で再現する能力だ。このような能力は官僚としての必要条件ではある。しかし、この条件を満たしているからといって、外交官として業績をあげることができるわけではない。それだから、実際の仕事を進める上では、公の役職とは別の属人的なネットワークが重要になる。本書では、このようなネットワークについて否定的な評価がなされている。

〈本来、官僚制は垂直的階層分化を通じた公式権限を行使するところに大きな特徴が見られる。その意味で、官僚制の機能が期待される強い時間的制約のもとでさえ、階層による意思決定システムは効率的に機能せず、根回しと腹のすり合せによる意思決定が行なわれていた。〉

外交官時代に、筆者が深く関与した北方領土交渉についても、公のラインよりも、ロシア・スクール（外務省でロシア語を研修し、対ロシア外交に従事する外交官の語学閥）の中での属人的関係が意思決定においては重要だった。日本の北方領土交渉が動いたのも、ロシア・スクールの首領《ドン》だった東郷和彦氏が、ソ連課長、欧亜局審議官、条約局長、欧亜局長など外務本省で北方領土交渉の意思決定に関与する立場にいるときだけだった。東郷氏の小間使いのような役回りをしていた筆者も、下剋上的な行動をしたことが何度もある。例えば、二〇〇〇年十二月二十五日に鈴木宗男自民党総務局長とプーチン露大統領側近のセルゲイ・イワノフ安全保障会議書記が会談する前には、「絶対に秘密が漏れることがないように」との森喜朗首相の命令に従って、小寺次郎ロシア課長には鈴木・イワノフ会談を準備しているという事実を一切伝えずに、東郷欧亜局長の指示に従って発言要領や森首相親書を作成した。筆者に言わせれば、森首相、川島裕外務事務次官、東郷欧亜局長の直接の命令に従って動いていたわけで、別に組織の秩序を崩したつもりはない。しかし、ロシア課長や課員からすれば、国際情報局という別組織に所属する主任分析官の筆者が、政治家や外務省幹部との属人的な関係を利用して、下剋上的な動きをしているように見えたのであろう。後に筆者はこのツケを鈴木宗男事件に連座して、東京地方検察庁特別捜査部によって逮捕されるという形で支払うことになったのである。しかし、今になって振り返ってみても、通常の外務省のラインに従っていては、一九九八年四月の橋本龍太郎首相からエリツィン大統領への「川奈秘密提案」も、二〇〇一年三月の森喜朗首相からプーチン大統領への「イルクーツク秘密提案」も実現しなかったと思う。これらの外交交渉の積み重ねの上で、二〇一六年十二月十五日の山口県長門市での安倍晋三首相とプーチン大統領の会談も成立したわけなので、筆者は自分の外務省時代の、通常の外交官と若干異なる対応を悔いていない。また、政治の嵐に巻き込まれて、五百十二日間、東京拘置所の独房で生活したことも、「難しい仕事にはそれ相応のリスクが伴う」と割り切っている。

明確な戦略概念に乏しい

さて、本書では、日本企業の組織文化を総括して、こう結論づける。

〈その長所は、次のようなものである。／① 下位の組織単位の自律的な環境適応が可能になる。／② 定型化されないあいまいな情報をうまく伝達・処理できる。／③ 組織の末端の学習を活性化させ、現場における知識や経験の蓄積を促進し、情報感度を高める。／④ 集団あるいは組織の価値観によって、人々を内発的に動機づけ大きな心理的エネル

ギーを引き出すことができる。〉

確かにこの指摘はあたっている。特に大部屋で仕事をするというスタイルで、上司が何を考えているか、同僚がどんな仕事をしているかは伝達される。もっとも、一九八〇年代ならば、情報伝達は電話が中心だったので、声によって「定型化されないあいまいな情報をうまく伝達・処理」し、「組織の末端の学習を活性化させ、現場における知識や経験の蓄積を促進し、情報感度を高める」ことができたが、パソコンによる電子メールやスマートフォンによるSNSが主要な伝達手段になると、なんとなく共有される情報が少なくなる。日本企業の短所についても、こう指摘する。

〈戦略については、①明確な戦略概念に乏しい、②急激な構造的変化への適応がむずかしい、③大きなブレイク・スルーを生みだすことがむずかしい、組織については、①集団間の統合の負荷が大きい、②意思決定に長い時間を要する、③集団思考による異端の排除が起こる、などの欠点を有している。そして、高度情報化や業種破壊、さらに、先進地域を含めた海外での生産・販売拠点の本格的展開など、われわれの得意とする体験的学習だけからでは予測のつかない環境の構造的変化が起こりつつある今日、これまでの成長期にうまく適応してきた戦略と組織の変革が求められているのである。とくに、異質性や異端の排除とむすびついた発想や行動の均質性という日本企業の持つ特質が、逆機能化する可能性すらある。〉

高度情報化や業種破壊、さらに、先進地域を含めた海外での生産・販売拠点の本格的展開などについては、外国企業の経験も取り入れつつ日本企業は巧みに対応していると思う。しかし、明確な戦略概念に欠け、急激な構造的変化への適応が苦手で、大きなブレイク・スルーを生み出しにくいという企業戦略上の問題点は現在もそのまま残っている。さらに、集団間の統合の負荷が大きく、意思決定に長い時間がかかり、集団思考による異端の排除という傾向は、日本経済が右肩下がりになるにつれてますます強まっているように思える。組織文化は数十年程度の短期間では変化しないのである。

ジャパン　アズ　ナンバーワン

エズラ・F・ヴォーゲル◉著

日本礼賛本ではない

一九七九年に上梓され日本型経営（経済だけでなく、国家運営や教育も含む）に対する関心を高めた作品だ。『ジャパン　アズ　ナンバーワン』というタイトルだけが一人歩きしているが、本書を日本礼賛本と受け止めてはならない。日本の社会構造、日本人の行動分析に関する優れたインテリジェンス分析報告というのが実態に近い。当時の米国人に「日本を軽視するのは危険だ」と警鐘を鳴らし、日本のノウハウに学ぶことで米国国家と米国人の生き残りについて考えた「アメリカ・ファースト」の精神で書かれている。本書を一九七〇年代末から八〇年代初頭の日本人が「われわれは褒められた」と勘違いし、日本型経営が持つ宿痾《しゅくあ》にメスを入れ、対策を立てなかったことが悔やまれる。

日本企業の特徴についてヴォーゲルは終身雇用制に着目する。

〈個人企業でない大会社となると、重役になるにはゆっくりと地位を一歩ずつ上がっていかなければならない。日本の企業では、一般に終身雇用制をとっており、社員はいったん会社に入ったら定年までそこで働くことが普通であるから、日本の会社としては社員の教育、訓練に多くの費用をかけることは意味があるのである。それに比して、欧米の会社ではせっかく社員の教育にお金をかけても、こうした社員が他の会社にとって魅力的であれば引き抜かれてしまうといったことがありがちである。管理職への道を歩む社員たちはいろいろな部門を回され、あるいは外部の機関に派遣され、さまざまな技術、技能を身につける。と同時に人間関係を育て、将来、上の地位に就いて重要な経営上の決定を行なう場合に必要な情報のパイプラインを形成できるような緊密な交友関係をつくる。〉

過去二十年、日本でも多様な雇用形態が推進され、総合商社や巨大メーカーでも一般職の採用を止め、派遣社員で需要を満たしているところも多い。しかし、専門職、総合職として企業の基幹となる社員については、終身雇用が基本だ。どの国でも組織は文化的拘束を受ける。日本企業が「家」をモデルに組織を形成する文化はそう簡単に崩れない。

日本の情報文化の欠点

日本の企業や官庁による情報収集の特徴に関する記述も興味深い。

〈ある問題がその時点で最優先課題に決まると、会社の場合も官庁の場合と同様に、その情報収集の努力に一段と拍車がかけられる。しかし、緊急要件がない場合でも、情報収集はたゆまず続けられる。日本の企業のなかでも、技術や組織面のノウ・ハウの総合的な実力で欧米を追い抜いた会社を観察してみると、あくまでも学ぶ姿勢をくずしていないということが言える。これらの企業はそれでもたえず自らの弱点を反省し、外国であろうと日本国内であろうと、自分たちよりも優れた面をもつ会社があれば、そこから使えそうな秘訣を学び、たえず改良の方向に努力している。たとえば従業員わずか五〇人にすぎない関西方面の一染色会社でも、業界誌を購読し、世界でどの染色工場が最近最も優れた改良を行なったかといった情報に精通している。そして毎年、一人ないし二人の社員を現地に送り、一カ月、あるいはそれ以上もの間、その新しい技術を取り入れるために勉強させているのである。〉

現在も、このような情報収集を重視する傾向は強い。ただし、収集された情報が、正しく評価され、分析と企業や官庁の行動に効率的に活用されているとは言いがたい。「情報収集のための情報収集」になり、ファイルだけが厚くなっていくのが日本の情報文化の欠点だ。もっとも新聞社は上手に情報を活用している。

〈日本の大会社は、将来使えそうな情報はすべて実に大切にする。たとえば、将来を嘱望される若い政治家に対しては、各新聞社はその政治家と性格、スタイル、政治的発言などの面でうまの合いそうな新聞記者を一人か二人、係として割り当てる。そうした役目を与えられた記者も、社内のさまざまなポストに就かされるが、その間もたえずその政治家と接触して特別の関係を続け、腹心となり、必要とあれば新聞社の中でも、また公にも彼の立場を支持する役割を演ずる。このため、誰が首相になろうと、誰が大臣に選ばれようと、一社の中には必ずその人物を熟知しており、特別の関係を温めてきた記者がいるわけで、内閣改造といった重大な局面がきたときに役立つのである。〉

新聞社に加え放送局（特にＮＨＫ）も政治家と特殊な関係を構築することに組織として取り組んでいる。このような体質では、マスコミの権力監視機能が弱いのは当然だ。

日本企業の情報収集の特徴として、〈日本の会社は、かつて自分のところにいて引退した前役員をも大切にする。（略）こうした人々を名誉職につけ、さまざまな特権を与えることによって会社から遠ざけず、現職の重役たちが容易にこうした先任者の意見を聞き出せる状況を普段からつくっておくのである〉とも指摘する。ただこれには、企業幹部を経験したＯＢを野放しにしていると、寂しさから余計な話をマスコミやライバル会社にしかねないので人間関係を維持しているという危機管理の面があることが、ヴォーゲルには見えていないようだ。

「型」の重要性

日本の政治、経済、社会のすべてに影響を与えているのが、国家と国民の関係が諸外国と異なっていることだとヴォーゲルは見ている。

〈一九三五年ごろから四五年にかけては、外国から日本に入る情報は政府によって検閲を受け、統制されており、国民には、一定の情報しか流されなかった。当時西欧の事情に通じていたのは、インテリ階級、官僚、文化人のごく一部にかぎられていた。軍部は朝鮮、台湾、さらには満州、中国へと、徐々に侵略を進め、国内においても強い権力を握るようになった。それにつれて、明治時代に発芽し、大正、昭和初期にかけて名実ともに発展をとげてきた民主主義は軍部からの圧迫を受け、弱さを露呈してしまった。これまで集団志向の強い社会の中で育てられてきた一般大衆は、軍部の独裁、言論弾圧に反抗する術ももたなかった。日本人が、いわゆる「臣民」から脱却し、「公民」としての意識に目覚め、自らの国の政治的意思決定を下すのは国民であると自覚したのはつい最近のことである。（略）特に戦前から戦中にかけて教育を受けた人々のなかには、今だに国の重要決定は政府が行ない、国民はそれに従うまでであるという考え方が、根強く残っているようである。／このような背景を熟知している日本のインテリおよび外国人の日本研究家の間では、日本人のこのような集団志向型傾向を危険視している向きもある。異なる意見を抑え個人の自由を抑圧する戦前・戦中の独裁体制にもどる危険さえあると心配する者もいる。こうした危惧をまったく根拠のないものとして笑ってすませてしまうことはできない。〉

この指摘は正しい。政治文化を支える意識のみならず、無意識の領域でも、日本人は自らの代表者を議会に送り込んで、代表者たちによって国家が統治されるという代議制民主主義を信じていない。それだから、政治に対するニヒリズムが強い。さらに、難しい国家公務員試験や司法試験に合格したエリートに対して国民は、信頼と不信と嫉妬が入り混ざった複雑な感情を抱いている。その不満をポピュリストが煽ると、冷静な判断ができなくなってしまうことがわれわれにはときどきある。日本人の集団志向型傾向は、さまざまな形態で現れているので、それが国家と社会の基盤を崩さないようにウオッチし、警鐘を鳴らす責務がジャーナリストと有識者にはある。

最後に、日本の初等・中等教育に対する批判を見てみよう。

〈日本では、他人と異なった考えを貫こうとしたり、独創力がありすぎて現状に合わない人が、周囲の人々とうまくやっていくことがアメリカと違ってむずかしい。一般の人々のもつ、型にはまった狭い考えに自分も適合させないかぎり、批判されたり、足を引っ張られたりすることになる。／日本の小・中学校では、教育課程はすべて一律で、子供の独創性を伸ばす柔軟性がほとんど認められない。もっとも、日本人の創造性は、集団の協力を必要とする分野で発揮され、その方面での研究能力を軽視することはできない。特に最近は、そのような研究面での成果には著しいものがある。もっとも今までのところ、個人の創造力を必要とする基礎研究の分野では、日本人の業績は他の多くの分野に比べて立ち遅

れている。〉

最近、日本の教育でも独創性が強調されているが、それは「独創性に関するマニュアル」によって対処できる。それだから、出願者自身の人物像を大学が求める学生像と照らし合わせて合否を決めるＡＯ（アドミッション・オフィス）入試や、自己推薦入試で入学した学生が増えても、創造力の高い社会人が増えているわけではない。高校までは、詰め込み教育で、人間としての基礎となる知識の「型」を習得させることが重要だ。「型破りな人間」になるためには「型」を知っていなくてはならない。「型」を無視した独創性は、ただのデタラメで社会的意味を持たない。

テロルの決算

沢木耕太郎◉著

テロリズム思想の変遷を学ぶ

百年後も読み続けられることになるノンフィクションの古典だ。書き出しから読者が作品の世界に引き込まれていく。

〈人間機関車と呼ばれ、演説百姓とも囃されたひとりの政治家が、一本の短刀によってその命を奪われた。／それは、立会演説会における演説の最中という、公衆の面前での一瞬の出来事であった。／凶器は鎌倉時代の刀匠「来国俊《らいくにとし》」を模した贋作だったが、短刀というより脇差といった方がふさわしい実質を備えていた。全長一尺六寸、刃渡一尺一寸、幅八分。鍔はなく、白木の鞘に収められていた。／その日、昭和三十五年十月十二日、日比谷公会堂の演壇に立った浅沼稲次郎には、機関車になぞらえられるいつもの覇気がなかった。右翼の野次を圧する声量がなかった。右翼の妨害に立往生する浅沼の顔からは、深い疲労だけが滲み出ていた。委員長になって以来、さらに激しくなった政治行脚を、もうその肉体は支え切れなくなっているのかもしれなかった。しばらくの中断の後、浅沼は再び演説を始めた。／「……選挙のさいは国民に評判の悪いものは全部捨てておいて、選挙で多数を占むると」／そこで声を励まし、さらに、／「どんな無茶なことでも……」／と語りかけようとした時、右側通路からひとりの少年が駆け上がった。／両手に短刀を握り、激しい足音を響かせながら、そのまま浅沼に向かって体当たりを喰らわせた。／浅沼の動きは緩慢だった。ほんのわずかすら体をかわすこともせず、少し顔を向け、訝し気な表情を浮かべたまま、左脇腹でその短刀を受けてしまった。短刀は浅沼の厚い脂肪を突き破り、背骨前の大動脈まで達した。／少年はさらに第二撃を加えたが、切先が狂い左胸に浅く刺さったにすぎないと察知すると、第三の攻撃を加えるべく短刀を水平に構えた。／浅沼は驚きだけを表わした顔を少年に向け、両手を前に泳がせた。そして、四歩、五歩よろめくと、舞台に倒れた。〉

十七歳の右翼少年・山口二矢《おとや》に社会党委員長の浅沼稲次郎が殺害された瞬間がリアルに描かれている。山口は現行犯逮捕され、警察の取り調べを受けた後、練馬の少年鑑別所に送られる。そこでシーツを引き裂いて縊死する。山口は、大義のために自分の命を捨てる覚悟が出来ていた。それだから、他人の命を躊躇せずに奪うことができたのだ。

人間は観念を持つ動物だ。どの時代にも過剰な観念を抱き、それに殉じる人たちがいる。この観念が、人々に受け入れられ、政治的に勝利するならば、観念に殉じた人は英雄として顕彰される。政治的に破れた場合は、テロリストとして断罪される。このような政治的断罪を沢木耕太郎氏は拒否する。そして、具体的な接触は数十秒しかなかった山口と浅沼の生涯をたどることによって、観念に取り憑かれた人々の魅力と悲喜劇を浮き彫りにすることに成功した。

山口二矢と同じ信念

ここで私事について語ることをお許し願いたい。筆者が、刊行された直後の『テロルの決算』を読んだのは、大学受験浪人中の一九七八年九月のことだった。筆者は、高校二年生のときに社会党系の青年組織・社青同（日本社会主義青年同盟）に加わり、社会党埼玉県本部に月に二、三回、出入りしていた。社会党に対して強いシンパシーを持っていた筆者は、浅沼委員長刺殺事件は右翼のゴロツキによるテロで、山口などに思想はないと思っていた。しかし、『テロルの決算』を読んで戦慄した。日本の現状に対する危機感、思想と行動を一致させなくてはいけないという山口と同じ信念を筆者が抱いていることに気づいたからだ。政治の世界にのめり込むと、とんでもないことをしでかしかねない自分に気づいた。この本を読んだことも、筆者が政治よりもキリスト教神学の道に進もうとする動因になった。

本書の行間から、当初、山口の軌跡を中心に作品を作ろうとしていた沢木氏の関心が、徐々に浅沼に移っていくことが感じられる。庶子に生まれたコンプレックスを封印し、激しい弾圧には耐えぬくが、二度も精神に変調を来した浅沼は、政治の世界に生きるには線が細かったのであろう。社会党右派である浅沼が、一九五九年三月に社会党訪中使節団団長として北京を訪問したときに〈「台湾は中国の一部であり、沖縄は日本の一部でありま す。それにもかかわらずそれぞれの本土から分離されているのはアメリカ帝国主義のためであります。アメリカ帝国主義についておたがいは共同の敵とみなして闘わなければならないと思います」〉というエキセントリックな演説をしたのも、浅沼の信念に基づくというよりも、北朝鮮から中国に来ていた黄方秀という朝鮮人の入れ知恵だった。浅沼がこの工作に乗ってしまったのは、社会主義者でありながら戦争に協力してしまったという自責の念からであろう。

〈「私が一番悩んだのは、戦争中は戦争に反対であったが、いやおうなしに、戦争の中に引き込まれた、その矛盾に非常に悩みました。それから戦争が済んでですね、何といっても軍国的な生活を送ってきた者が、全然新しい社会に立つんですから、この煩悶がまた、人間的にずいぶんありましたね。しかし、人間としてですね、悩みを持ちつつ生きるということは尊いものだと私は思っています。悩みがない人間というのは、ウソなんじゃない

でしょうか。生き方にウソがあるんじゃないでしょうか」〉

ＩＳとの共通と相違

人間的良心に付け込むのは共産国インテリジェンス機関の定石だ。このような北朝鮮の工作がなかったならば、浅沼は山口の標的とされることもなく、別の人生を送ったはずだ。インテリジェンス工作が人間の運命を変えてしまった典型例だ。

歴史の偶然として興味深いのは、演説会の入場券を山口が入手した経緯だ。

〈公会堂に着いた二矢は、いざ入ろうとして「入場券のない方はお断わりします」と書いてある貼り紙を見て、愕然とする。二矢は入場するために券が必要だということを知らなかった。どうしようか。諦めるべきなのだろうか……。しかし、二矢は諦めきれずに、しばらくその場にたたずんでいた。／その時、入口には受付として都選管と区選管の八人の職員がいた。ひとりの係員に尋ねると、その券はすでに何日か前に、ＮＨＫで配り終えたといった。がっかりすると、その係員が上着のポケットから黙って一枚の入場券を差し出してくれた。券がなくて困惑している学生服の少年をかわいそうに思ったに違いなかった。二矢は礼をいい、その僥倖に昂揚する気持を抑えながら、公会堂の中に入っていった。〉

二矢の内面には、頑固で融通が利かないところと、他人の気持ちをとらえる「人たらし」的なところが、奇妙な形で同居している。困難に直面すると誰かが助けてくれるのだ。

テロにはさまざまな不確定要因がつきまとう。ＣＩＡ（米中央情報局）やモサド（イスラエル諜報特務庁）が綿密に計画した暗殺計画でも、現場のちょっとした状況の変化で失敗してしまうことがある。それに対して、一匹狼によるテロが成功する場合には、通常では考えられない偶然がいくつか重なる。テロに共鳴する人々からすれば、一匹狼型のテロリストは、特別の使命が神（あるいは天）から賦与されていたということになる。それだから、いつまでも崇拝の対象になる。

この作品は、偶然の結びつきから、物語を紡ぎ出している点でも優れている。

〈山口二矢は浅沼稲次郎を一度、二度と刺し、もう一突きしようと身構えた時、何人もの刑事や係員に飛びかかられ、後から羽交い締めにされた。その瞬間、ひとりの刑事が二矢の構えた短刀を、刃の上から素手で把んだ。二矢は、浅沼を刺したあと、返す刃で自らを刺し、その場で自決する覚悟を持っていた。しかし、その刃を握られてしまった。自決するためには刀を抜き取らなくてはならない。思いきり引けばその手から抜けないこともない。しかし、そうすれば、その男の手はバラバラになってしまうだろう。二矢は、一瞬、正対した刑事の顔を見つめた。そして、ついに、自決することを断念し、刀の柄から静かに手を離した……。〉

沢木氏は、この話が伝説でないことを、この刑事を診察した外科医を取材することによって確認する。

〈掌に刀疵のある刑事は、浅沼稲次郎が日比谷公会堂で刺された時、とっさに犯人の山口二矢に飛びかかり、素手で刀を掴み、奪い取ったのだ、と医師に話した。掌に疵は残ったが、その功により警視総監賞を貰うことができたともいった……。〉

後に神経性の高血圧で二矢の父・山口晋平がこの医師の治療を受けるのである。世の中は実に狭い。

現在、世界的規模で「イスラム国」（ＩＳ）をはじめとするイスラム教原理主義過激派が、無差別自爆テロを行っている。自らが正しいと考える理念のために自分の命を捧げる覚悟をし、他人の命を奪っていいという信念は山口もＩＳも共通だ。しかし、山口は、無差別テロは考えなかった。テロリズム思想の変遷について学ぶ上でも本書は有益だ。

日本人とユダヤ人

イザヤ・ベンダサン◉著

「ユダヤ人」に託した高度成長期日本への「預言書」

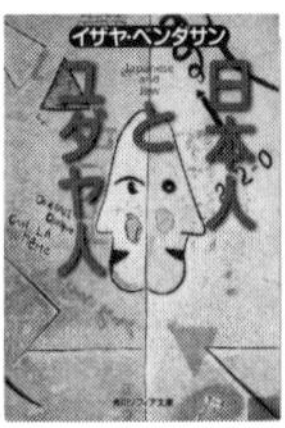

一九七〇年五月、東京市ヶ谷の山本書店から『日本人とユダヤ人』と題する本が出版された。山本書店はキリスト教関係の専門書を刊行する小さな出版社で、著者は、イザヤ・ベンダサンという無名のユダヤ人だ。ベンダサンは日本に生まれ育ち、太平洋戦争直前に米国に帰国した日本語に堪能なユダヤ人という触れ込みだった。

山本七平ライブラリー版『日本人とユダヤ人』の解説で、向井敏氏が本書がベストセラーになる過程について記している。

〈はじめはひっそりと登場した『日本人とユダヤ人』だが、二か月とたたぬまにしきりに人の口の端にのぼりはじめ、たいして売れはしないだろうと初版部数を控えめに抑えた版元の思惑をくつがえして、つぎつぎと版を重ねだした。藤田昌司が『ロングセラー　そのすべて』（初刊昭和五十四年、図書新聞）で調べたところによれば、その火付け役になったのは外務省の地階の売店で、次いで通産省地階の売店に飛び火し、さらに丸の内界隈の書店へと拡がっていったという。折から日米繊維交渉が難航し、日米互いにその言い分を譲らないという状況のなかで、日本人とユダヤ人、ひいては欧米人との思考方法の違いを説いたこの本が、まず外務通産両省の役人や貿易商社のビジネスマンの興を誘ったということだったらしい。何だかできすぎた話だが、ありえないことではない。〉

筆者が外務省に入ったのは、一九八五年のことだ。外務省研修所の指導官から配られた日本人と外国人の文化の差について知るための参考文献一覧に『日本人とユダヤ人』が入っていた。また、先輩の外交官から、「君は同志社の神学部出身なんだってな。イザヤ・ベンダサンの『日本人とユダヤ人』について、どう思うか」と尋ねられたことがある。筆者は「神学も分野が細かく分かれています。私は一般の学問だと哲学に近い組織神学を専攻したので、旧約聖書やユダヤ教についてはよくわかりません」と言って逃げた。

旧約聖書学の基礎知識があり、現代のユダヤ教、ユダヤ人社会の現状について知っている人が『日本人とユダヤ人』を読めば、著者は旧約聖書に関する造詣が深いが、現在のイスラエル建国の理念となったシオニズムに関する知識がほとんどないことに気づく。

筆者が大学院神学研究科一回生のときに『日本人とユダヤ人』を徹底的に批判した浅見

定雄氏（当時、東北学院大学教授）の『にせユダヤ人と日本人』（朝日新聞社、一九八三年）が上梓された。筆者たち神学生は、この本を熟読した。浅見氏は、東京神学大学と大学院を卒業した後、米国のハーバード大学で旧約聖書を研究し、神学博士号を取得した専門家だ。旧約聖書学や、イスラエル事情に関する知識を用いて、本書の内容を批判する。この点に関しては、浅見氏が優勢だった。山本氏の翻訳を取り上げ、英語力が基準に達していないと非難する。山本氏の、人格、能力を全面的に否定する浅見氏のアプローチに筆者は違和感を覚えた。

浅見氏は、イザヤ・ベンダサンこと山本七平氏を激しく批判する理由について、〈このような人（中略）が気のきいた「知識人」として歓迎されている間に、日本の国が取り返しのつかない方へ持って行かれてしまうことを恐れるからである。ファシズムは、似而非《えせ》学者・文化人の言論の横行に支えられてやって来る――これは歴史の教訓である〉と述べる。

浅見氏は、左翼的イデオロギーのプリズムを通して世界を見ているので、山本氏の自由な精神を感知することができないのだ。山本氏は、日本人であり、同時にキリスト教徒であるということの意味を真摯に考え、行動した信仰者であることが、浅見氏をはじめとする「政治的に自分が絶対に正しい」と信じている一部のキリスト教徒には理解できないのである。

浅見氏の批判書には、マサチューセッツ工科大学のハロルド・アイザックス教授の書評が収録されている。以下の指摘が興味深い。

〈もしも「イザヤ・ベンダサン」氏が実際にユダヤ人だとするならば、それなら彼は、同世代の仲間のユダヤ人との接触から驚くほど遮断されて来たユダヤ人である。（中略）／イスラエルについては「ベンダサン」氏は明らかにいちばん勝手を知っており、かの地の物理的特徴、たとえば不十分な水の供給――それを彼は日本の場合と対比するのだが――を論じる。しかもそれを、大部分、古代の文脈の中で行うのである。（中略）／もし「ベンダサン」氏が実際にユダヤ人だとするならば、彼はかの横井庄一氏と同じように、その人生の大部分をどこかの洞窟でただひとり暮して来たユダヤ人である。ただしこの「ベンダサン洞窟」には、明らかに『聖書』と、それからユダヤ人に関する聖書時代および聖書後時代の文献はたくさん蓄えられていて、彼はたしかにそれを注意深く研究したのである。〉

山本氏は、ベンダサンという旧約聖書時代のユダヤ人に変装して、高度成長時代の日本が、構造的に抱える危機について預言したのである。ユダヤ教、キリスト教の伝統において、預言と予言は異なる概念だ。預言は、神の言葉を預かることだ。預言は、未来に何が起きるかについて語る予言も含まれるが、それだけではない。現実に対する鋭い批判と、思考と行動を改めるようにとの呼びかけが預言の中心に置かれる。『日本人とユダヤ人』は山本氏による預言書なのである。

〈駐日イスラエル大使館がまだ公使館であったころ、日本人に親しまれたある書記官がつくづくと言った。「日本人は、安全と水は無料で手に入ると思いこんでいる」と。この言葉は面白い。生きるために、水より大切なものはないということは、何も「ユダヤ人から聞かなくたって、よくわかっている」。では、銀座のバーで「おひや」一杯で一万円請求されたらどうであろう。「ジョニ黒ですら一万円なのだから、何よりも尊くかつ不可欠の水が一万円なのは当然だ」とその人は言うであろうか。「冗談じゃない、それとこれとは別問題だ、水一杯で一万円とは何だ、暴利だ、暴力バーだ」と警察沙汰《ざた》になるかもしれない。

安全に対する態度もまさにこれと同じである。軍隊とか警察とかいうものは、国民の税金で維持しているガードマン、いわばナショナル・ガードマンだといった考え方は、戦前にもなかったし戦後にもない。戦前の青年将校にそんなことを言えば「無礼者！」と叩《たた》き切られるかも知れない。また戦後は、自衛隊は税金泥棒であり、「警察は敵」である。（中略）政府は、一生懸命、防衛の必要をPRする。しかしそれはまるで、朝、会社へ出勤しようとする夫をつかまえて、奥さんが「水より大切なものはないし、将来のことは予測できないのですから、是非、水筒をもっていって下さい」といって、夫の肩にむりやり水筒をかけようとするのに似ている。日本は、安全も自由も水も、常に絶対に豊富だった（少なくとも過去においては）。だから、それがいかに大切だからといって、そのために金を

払おうという人はいない。〉

山本氏が、この預言を行ってから半世紀経った現在、飲料水に関しては、金を払ってペットボトルのミネラルウオーターを買うことが日常的になっている。「水は無料だ」という神話はもはや通用しない。それとともに「安全は無料だ」という神話を信じている人ももはやいない。安倍政権は、憲法解釈を変更することによって集団的自衛権行使を容認することを考えている。ここで問題になっているのは、集団的自衛権で、個別的自衛権については、日本の当然の権利で、行使するというのが国民的合意になっている。「自衛隊は税金泥棒である」とか、「警察は敵だ」というような批判を言う人の方が「かなり過激で、特殊な思想を持っているのではないか」と疑いの目で見られる。

山本氏の別の預言を見てみよう。

〈日本人には「秘密―罪悪」といった意識があり、すべて「腹蔵なく」話さねば気が休まらない。と同時に、秘密を守るということがどういうことか知らない。アメリカ人はずいぶんアケッピロゲに見えるが、守るべき秘密は正確に守る。良い例が原爆製造である。日本では、造船所のまわりによしずを張ったり、軍需工場の近くに来ると汽車の窓をしめさせたりしていた――何とナイーブな！　アメリカはB29の写真や設計図まで平然と公表していた。だが原爆の製造は完全に秘密を守り通していた。私は昭和十六年に日本を去り、二十年の一月に再び日本へ来た。上陸地点は伊豆半島で、三月・五月の大空襲を東京都民と共に経験した。もっとも、神田のニコライ堂は、アメリカのギリシア正教徒の要請と、あの丸屋根が空中写真の測量の原点の一つとなっていたため、付近一帯は絶対に爆撃されないことになっていたので、大体この付近にいて主として一般民衆の戦争への態度を調べたわけだが、日本人の口の軽さ、言う必要もないことまでたのまれなくても言う態度は、あの大戦争の最中にも少しも変らなかった。（中略）相手を信用し切るということと、何もかも話すこととは別なのである。話したため相手に非常な迷惑をかけることはもちろんある。従って、相手を信用し切っているが故に秘密にしておくことがあっても少しも不思議でないのだが、この論理は日本人には通用しない。〉

ベンダサンが、インテリジェンス・オフィサー（情報将校）として、終戦前の日本に極秘裏に上陸して、空襲がなされないことになっていたニコライ堂の周辺で情報収集活動をしたという話は、インテリジェンスに少しでも通じている人ならば作り話とわかる。まず、米軍が必要とする情報は、民衆の意識ではなく、政策意思決定者の意図だ。リスクを冒して、日本に秘密上陸して、戦争政策に影響のない民衆の噂話を収集するような間抜けたことを米国はしない。もちろん戦争中に米国の秘密工作員が日本に上陸したことはあると思う。そういう人たちの目的は、軍事情報収集と破壊活動だ。戦争が終わっても、この種の情報は絶対に表に出さない。「日本人は秘密を守れない」という物語の脚色として、山本氏はこういう記述をしたのであろう。

二〇一三年十二月、特定秘密保護法が成立し、施行された。秘密保全体制も日本で確立されつつある。累計三百万部になる『日本人とユダヤ人』の内容は、政治エリートを含む日本人の多くに刷り込まれ、国民の意識転換に大きな役割を与えたと筆者は見ている。

戦艦武蔵

吉村昭◉著

戦争の記憶が風化する高度成長期、「記録」にこめられた鎮魂

戦艦大和と同型の二号艦・戦艦武蔵の生誕から死までの物語を、吉村昭氏が丹念な資料の読み込みと、取材によって描いている。感情移入が過剰にならないようにする、あえて対象から距離を置いた記述をしている。それ故に本書を読み終えた後に、強い感銘を読者に与える。

本書は、通常の戦記ノンフィクションと異なり、七割が、武蔵の建造に関する記述に充てられている。戦闘よりも、軍事的観点からは合理的でない巨大戦艦の建造になぜこれだけのエネルギーを当時の日本人が投入したかという悲喜劇の解明を吉村氏が重視したからである。

冒頭がミステリアスな書き出しだ。

〈昭和十二年七月七日、盧溝橋に端を発した中国大陸の戦火は、一カ月後には北平を包みこみ、次第に果しないひろがりをみせはじめていた。その頃、九州の漁業界に異変が起っていた。初め、人々は、その異変に気づかなかった。が、それは、すでに半年近くも前からはじまっていたことで、ひそかに、しかしかなりの速さで九州一円の漁業界にひろがっていた。初めに棕櫚《しゅろ》の繊維が姿を消していることに気づいたのは、有明海沿岸の海苔養殖業者たちであった。〉

三菱重工長崎造船所で造る武蔵の姿を隠す覆いを作るために軽くて腐喰しにくく、しかも火災に強い棕櫚を集めていたのである。仮に棕櫚に人格があったならば、武蔵が造られる過程での秘密のほとんどを知ることができた。吉村氏の視座は棕櫚の覆いのようだ。著者の主観を介入させずに、目の前で起きた出来事を淡々と記録するという姿勢を貫き通している。

特に、極秘事項に該当する設計図が一枚無くなったときの特高警察の取り調べに関する記述が印象的だ。

〈憲兵隊に連行された八名は、翌朝、長崎警察署と水上警察署の二カ所に分けられて収容された。（中略）八名の者たちは、独房に留置され、一人一人呼び出されては、刑事たちの鋭い訊問を浴びることになった。八名の技師・製図工たちは、軍機第一類区域に指定されていた図庫に配置されていただけに、宣誓した折の身許調査も確実な者ばかりで、造船所内でも技術的に際立ってすぐれた者たちであった。しかし、刑事たちにとっては、そうしたことはなんの意味もないことで、重要なことは、図面が一枚現実に消えてなくなったことだけであった。／（中略）刑事たちは、八名の者の家を徹底的に家宅捜索をすると同時に、あらためてかれらの身辺調査をやり直した。第三者、殊に外人との接触はないか、金銭関係に疑わしい点はないか、女性関係に乱れはないか等々、日常の動きを丹念に追って調べまわった。そして、それらの結果をもとに、一人一人呼んでは訊問し、調査の結果と答弁の食いちがいがあると、刑事たちは、いきり立って数人がかりで暴行を加える。／竹刀で乱打するもの、平手打ちを食わすもの、皮製のスリッパで殴るもの。そして、懲しめのためと称して、水を満たしたバケツを両手にさげさせ、長時間立たせつづけるようなこともした。しかし、執拗な拷問を繰返しても、取調べの面には少しの効果もあらわれなかった。〉

結局、十九歳の少年製図工が、図面を持ち出したことが明らかになった。

〈事故の起きた日、少年は、紙屑をいれた袋をかつぎあげてから、自分の机に近寄り、誰も見ていないのを見定めて机の右の引出しからのぞいている図面を素早く袋の中に押しこんだ。そして、監理人の後についてボイラー室に行くと、炎の中に他の紙屑とともに投げ入れたという。／少年の口にする動機は、他愛《たわい》ないものだった。ただ、その職場から逃れ出たいためにとった行動なのだという。／（中略）部屋にいる設計技師たちは、造船所内でも特に優秀な者たちばかりである。製図工とはいっても、それらの技師たちにかこまれた部屋の中では、これといったまとまった仕事もなくほとんど雑役に近い仕事しか与えられない。同期に入所した者たちは、造船所の各職場に散って、それぞれ技術的に多くのことを身につけているらしい。それに比べて、自分は、掃除をしたり、茶を運んだり、紙屑を整理したりしているだけだ。同期生との技術的な差は開くばかりで、自分だけが一人取り残されていくような焦躁感にかられる。殊に、ボイラー室へ雑役夫のように袋を肩にかついで行くことも、少年の自尊心を甚しく傷つけた。（中略）／なにか失策を起せば……と、少年は、単純に考えた。おそらく自分は、大事な職場には不適格だとして外部の職場にまわされるだろう。〉

能力があるという自負を持っている人に、雑用だけを押し付けていると、不満が爆発し、事故につながることがある。このような事案は、現在の日本でもあちこちであることだ。労務管理の観点からも参考になる。

日本の技術の粋と多大な予算を投じて造られた武蔵も、航空機の発達により大艦巨砲主義が過去の遺物となっている状況では、活躍の余地がなかった。本書の三割を占める武蔵の戦記に関しても、軍功に関する記述はほとんどない。一九四四年十月二十四日、レイテ沖海戦で武蔵が沈没するときの模様が丹念に描かれている。

〈「自由行動をとれ」

怒声に似た命令が艦上を走り、乗組員たちは思い思いの方向に走りはじめた。

傾斜が急に早まり、右舷の艦底の側面が海水をあおり立てながら露出しはじめた。乗組員たちが初めに海へ飛び込みはじめたのは、そそり立った艦尾からであった。が、はるか下方の海面に達するまでに、かれらの口からは悲痛な叫びが起った。かれらのほとんどは、巨大なスクリューに叩きつけられていた。〉

スクリューに巻きこまれた人間は、粉々に砕かれ、肉片になってしまう。吉村氏は、過剰な描写を控えているが、読者が想像力を働かせれば、現場の凄惨な様子が目に浮かぶ。

〈舷側を走る者が最も多かった。が、魚雷であけられた穴に、波立つ海水とともに吸い込まれる者も目立った。艦底の側面から海面までは四、五〇メートルあった。乗組員たちは途中まで側面の上を滑り降りていったが、その側面に厚くこびりついた牡蠣殻《かきがら》でたちまち傷ついた。（中略）／艦の傾斜速度は急に早まり、海水を大きく波立たせて左に横転すると、艦首を下にして、徐々に艦尾を持上げはじめた。艦にしがみついている乗組員たちの姿が、薄暗くなった空を背景に艦尾の方へしきりと移動しているのが見える。／艦首が没し、やがて艦橋が海中に没すると直立するように艦尾が海面に残った。それでも人々の移動はつづき、スクリューにも十数名の尚《なお》も上方へ上方へと這いのぼる人影がくっきりと見られた。艦尾とともにそれらの人影が海面から消えたのはそれから間もなくであった。〉

武蔵の生存者から、丹念な聴き取り取材をしない限り、このようなリアルな描写はできない。スクリューの上に登っても、武蔵が沈没するときの渦に巻きこまれて、生存できる可能性はない。理屈を抜きに、「どんな手段を取ってでも、少しでも長く生きたい」という人間の生存本能が伝わってくる。

〈武蔵をのみこんだ海面には為体《えたい》の知れぬ轟《とどろ》きとともに巨大な渦とはげしい波が湧き起った。海上に漂う人間たちの体はたちまち渦の中に巻きこまれ、回転させられて海面にあおり上げられると、また渦の中に沈みこんだ。／突然海中で大爆発音が起った。人々の体は海水とともに夕闇の空高くはね上げられた。海底深く一面に鮮烈な朱色の光がひろがった。ボイラー室に海水が流れこんで爆発したのか、水蒸気の走るような音が、あたり一帯に走った。その爆発で渦がわれたらしく、巨大な渦は小さな渦の群れに分散して、波立つ海面に人の頭部が回転しながら所々に浮び上った。〉

その後、海上を漂流する生存者たちは、「君が代」、軍歌、流行歌を次から次に歌った。歌うことで、疲労と眠気を追い払おうとしたのだ。しかし、やがて疲労が生存者に襲いかかり、海面から人間の頭が消えていく。三時間後、駆逐艦が到着し、生存者の救出にあたった。ここでもスクリューに巻き込まれて死ぬ者が多かった。救出された一人に武蔵副長の加藤憲吉大佐がいた。

〈水葬をすませると、加藤は特に提供された艦長室のベッドで、懐から猪口艦長の手帳をとり出した。油紙でかたく包装された手帳は濡れてはいなかった。手帳を開くと、シャープペンシルで書かれたらしい文字が、こまかく紙面につづられている。

「十月二十四日予期の如く敵機の触接を受く。（中略）遂《つい》に不徳の為《ため》海軍はもとより全国民に絶大の期待をかけられたる本艦を失ふこと誠に申訳なし。唯《ただ》、本海戦に於《お》いて他の諸艦に被害殆どなかりし事は誠にうれしく、何となく被害担任艦となり得たる感ありて、この点幾分慰めとなる。（中略）大口径砲が最初に其《そ》の主方位盤を使用不能にされた事は大打撃なりき。主方位盤は、どうも僅《わず》かの衝撃にて故障になり易い事は今後の建造に注意を要する点なり。（中略）機銃はも少し威力を大にせねばならぬと思ふ。命中したものがあったにかかはらずなかなか落ちざりき。（中略）我斃《たお》るとも必勝の信念に何等《なんら》損する処なし。我が国は必ず永遠に栄え行くべき国なり。皆様が大いに奮闘してください。最後の戦捷《せんしょう》をあげらるる事を確信す。（中略）今機械室より総員士気旺盛《おうせい》を報告し来《きた》れり。一九〇五。……」

それらの文字をたどるうちに、加藤の眼には光るものがあふれた。〉

今回、この原稿を書くに当たって、本書を二度、通読した。これでこの本を読むのは計五回になる。毎回、異なる印象を覚えるが、今回は『戦艦武蔵』が昭和の『太平記』のように思えてきた。『太平記』は、南北朝の動乱について、特定の歴史観や宗教観に立たないで、戦闘の細部にこだわり、南朝側、北朝側、双方の人々の記録をできるだけ詳細に残している。『太平記』の著者集団が、そうすることによって戦乱に斃れた人々の鎮魂を考えたからだ。

　吉村昭氏が本書を上梓した一九六六年は、高度成長期のただ中で、戦争の記憶は風化しつつあった。そのような状況で、あえて過剰な感傷的表現を排除して『戦艦武蔵』という作品において、あの戦争で斃れ、傷ついた人々について記録することで、吉村氏は鎮魂を意図したのだと思う。

毛沢東語録

毛沢東◉著

中国のルールを読み解く

中国は、国際社会のプレイヤーとして、重要な位置を占めている。GDPは世界第二位で、鈍化したとはいえ、経済成長が続いている。(二〇一五年)八月末から国際的に株価が低迷しているが、これも中国の景気後退が原因だ。中長期的に見て、国際経済における中国の比重がより高まることは確実だ。中国は軍事大国でもある。九月三日、北京で行われた「抗日戦争勝利七十周年」の軍事パレードは、あの国の自己主張が軍事面においても強化されつつあることを可視化した。

中国が大国として強化されること自体は、そのマーケットから恩恵を受けるので、日本にとって悪いことではない。問題は、中国が国際社会で主流となっている既存の「ゲームのルール」について、欧米や日本などの先進国が一方的に構築したものなので、それに従う必要はないと考えていることだ。そして、熟慮された体系的戦略ではなく、場当たり的な思いつきで、中国が帝国主義的な国益増大を図っていることだ。帝国主義国は、まず、相手国の立場を考えずに自国の主張を最大限に行う。相手国が抵抗せず、国際社会も沈黙しているならば、帝国主義国は権益を拡大する。相手国が必死になって抵抗し、国際社会も「いくら何でもやり過ぎだ」という反応をすると、帝国主義国は譲歩し、国際協調に転じる。これは帝国主義国が、心を入れ替えたからではない。これ以上、ごり押しをすると国際社会の反発が大きくなり、結果として自国が損をするという冷静な計算に基づいて譲歩するのである。そして、ふたたび自国の権益を拡大する機会を虎視眈々と狙うのである。

中国の場合、相手国が必死になって抵抗し、国際社会の顰蹙《ひんしゅく》を買っても、なかなかごり押しをやめない。南シナ海のスプラトリー（南沙）諸島のファイアリークロス（永暑）礁での軍事基地建設、日本領の尖閣諸島領海への中国公船の侵入などの乱暴な行為を、関係国が激しく抵抗し、国際社会も非難しているのに中国は強行している。このような中国の夜郎自大な行動の背景にある内在的論理をつかむ必要がある。

「抗日」が基本原理

中国は、経済的には国家資本主義国である。しかし、政治的には共産党が指導的位置をしめており、国家指導部が国民の民主的選挙によって選ばれる体制ではない。中国の特徴は、この共産党体制にある。天安門広場に現在も毛沢東の肖像画が掲げられていることが、この国の特異性を表している。従って、毛沢東思想から中国の帝国主義的発想を抽出することが可能だ。毛沢東には数多くの著作があるが、『毛主席（毛沢東）語録』にその思想が凝縮されている。『毛沢東語録』は、一九六〇年代半ばから七〇年代にかけて、日本でも文化大革命にあこがれた左翼にとって聖典だった。

まず注目されるのは、毛沢東が「抗日」を中華人民共和国の基本原理であると規定していることだ。

〈国際主義者である共産党員が、同時に愛国主義者でありうるか。われわれは、ありうるばかりでなく、そうあるべきだと考える。愛国主義の具体的内容は、いかなる歴史的条件のもとにあるかによって決まる。日本侵略者やヒトラーの「愛国主義」もあれば、われわれの愛国主義もある。日本侵略者やヒトラーのいわゆる「愛国主義」にたいしては、共産党は断固反対しなければならない。（中略）……なぜならば、日本侵略者とヒトラーの戦争は、世界の人民をそこなうばかりでなく、自国の人民をもそこなっているからだ。中国の状況はちがう。中国は侵略されている国家である。したがって、中国共産党員は愛国主義と国際主義を結びつけなければならない。われわれは国際主義者であると同時に愛国主義者である。われわれのスローガンは、祖国をまもり侵略者に反対するため戦え、ということである。われわれにとって、敗北主義は罪悪であり、抗日の勝利をかちとる責務は、他人に依頼できない。なぜなら、祖国をまもるために戦ってこそ、侵略者をうちやぶることができ、民族の解放をかちとることができるからである。／「民族戦争における中国共産党の地位」(一九三八年一〇月)〉

毛沢東は、階級よりも民族を重視しているのである。習近平体制の中国も「抗日戦争勝利七十周年」の機会に「中国の愛国主義は善い」「日本の愛国主義は悪い」というシンボル操作を行っている。政治について、毛沢東は、カール・シュミット流の敵と味方の二分法を採用し、〈敵と味方をはっきり区別する。敵対的な立場にたち、敵に対処する態度をもって同志に対処してはならない。かならず、全身の熱情をもって、人民の事業をまもり人民の自覚をたかめる態度で話すべきであって、嘲笑と攻撃の態度で話してはならない。／「中国共産党全国宣伝活動会議における講話」(一九五七年三月一二日)〉と強調している。まず、敵と味方の線引きをする。そして、敵が行うことはすべて悪で、味方は善であると決めつける。民主主義社会では、自由な討議によって、相互の歩み寄りを探る手続きが重要になるが、毛沢東は民主主義に対して、冷笑的な評価をしている。

〈理論上、極端な民主化の根源を除去すべきである。はじめに指摘しなければならないのは、極端な民主化の危険は党の組織を傷つけて、ついには完全に破壊し、党の戦闘力を弱めて、ついには完全に滅ぼし、党に闘争の責任をになう力がないようにし、それによって革命の敗北をもたらすということである。つぎに指摘しなければならないのは、極端な民主化の根源は小ブルジョア階級の自由散漫性にあるということである。こうした自由散漫性が党内にもちこまれると、政治上・組織上の極端な民主化の思想になる。この思想は、プロレタリア階級の闘争任務とは根本的にあいいれないものである。／「党内の誤った思想をただす問題について」（一九二九年一二月）〉

党の決定には、疑問をさしはさまずにひたすら従えというのは、スターリン主義の特徴であるが、これは基本的に軍隊の論理である。マルクス主義では、経済構造が政治体制を制約すると考える。中国の経済構造は資本主義だ。それならば、中国共産党は、共産主義という看板を掲げていても、その本質は資本主義的に変質しているということになる。毛沢東は、共産党が変質する可能性を警戒し、警鐘を鳴らしていた。

〈階級闘争、生産闘争、科学実験は、社会主義の強大な国家を建設する三つの偉大な革命運動である。共産党員が官僚主義をまぬかれ修正主義・教条主義を避け、永遠に不敗の地に立つ確実な保証である。プロレタリア階級が広範な労働大衆と連合し、民主主義独裁を実行することを可能にする有力な保証である。これらがなければ、地主・富農・反革命分子・悪質分子・妖怪変化がいっせいにおどり出、われわれの幹部は、それを気にもかけず、多くの者は敵と味方とさえ区別せず、たがいに結託し、敵に腐蝕浸透《ふしょくしんとう》され、分裂瓦解、ひっぱりだされ、もぐりこまれ、多くの労働者・農民・知識人も敵によって、硬軟両様の手をつかわれ、こんなふうにやっているうちに、短くて数年か十数年、長くて数十年で、不可避的に全国的な反革命の復辟《ふくへき》があらわれ、マルクス・レーニン主義の党は修正主義の党に変わり、ファシスト党に変わり、中国は変色するだろう。／「『幹部の労働参加にかんする浙江省のすぐれた七つの資料』への評語」（一九六三年五月九日）〉

現在の中国共産党を、資本主義的拝金体質が染みこんだ、ファシスト党と見なすならば、事柄の本質がよくわかる。われわれは、巨大なファッショ国家と引っ越すことができない隣人関係にあるのだ。

やっかいな隣国との付き合い方

それではこのような中国と日本はどのように付き合っていけばいいのだろうか。ここでも毛沢東から学ぶことができる。

〈戦略的にはすべての敵を軽視し、戦術的にはすべての敵を重視せよということである。すなわち、全体的には敵を軽視しなければならないが、個々の具体的な問題では敵を重視しなければならない、ということである。もし、全体的に敵を軽視しなければ、われわれは日和見主義の誤りを犯す。（中略）戦争は戦闘を一回ずつすることでしかできないし、敵は一部ずつ消滅するしかほかはない。工場は一つずつしか建てられず、農民は田を一枚ずつしか耕せない。飯を食うのも同じことである。われわれは戦略的には飯を軽視する。

この飯はたいらげることはできるというわけだ。しかし、具体的に食べるとなると、やはり一口ずつ食うのである。一卓分の酒や料理を一口で呑みこむことはできない。これを個別的解決といい、軍事の書物では各個撃破という。／「各国共産党・労働者党のモスクワ会議における講話」（一九五七年一一月一八日）〉

戦略的に見れば、資本主義経済と共産党政治は相容れず、民族問題も深刻なので、中国の現体制はいずれ崩壊する。それだから、日本は中国を過剰に恐れる必要はない。他方、戦術的には、経済、軍事、歴史などあらゆるカードを用いて帝国主義的拡張政策を展開する中国を侮《あなど》ってはならない。中国の吹っかけてくる無理難題を各個撃破する政治力と外交力が日本に必要だ。

日本のいちばん長い日

半藤一利◉著

戦争を終結させたテクノクラートの英知

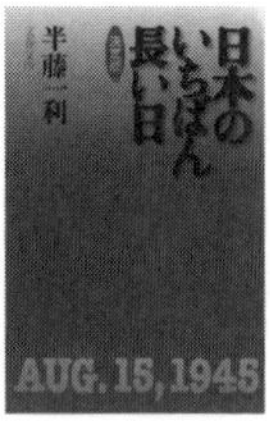

本書は一九六五年に刊行され多くの読者に読まれてきた。一九六七年と二〇一五年の二度映画化されている。一般国民に知らされることのなかったポツダム宣言を受諾し、日本が降伏する際の国家上層部の動き、国体護持のため徹底抗戦を説き、それが受け入れられないとクーデターを起こそうとした中堅将校の動き、割腹自決することによって陸軍の暴発を阻止した阿《あ》南惟幾《なみこれちか》陸相らの行動を、著者の主観や感情を極力排し、当事者の内在的論理が浮き彫りになるように描いたノンフィクションの傑作だ。

本書については、それこそ数え切れないほどの書評がなされてきた。屋上屋を架すことはしたくないので、筆者は外交官だった経験を活かし、テクノクラートの視座から本書を読み解いてみたい。

まずは鈴木貫太郎首相だ。当時の首相は、現在のように国会によって指名されるのではなく、天皇の勅命によって任命されるのであるから、民意の代表者ではなく、官僚のトップだ。国家機構の論理を知り尽くしている鈴木は、従来にない「聖断」という形でしかこの戦争を止めることができないという認識を強く持っていた。そして、一九四五年七月二十六日に出されたポツダム宣言の受諾を巡る御前会議が八月九日深夜から十日未明に行われたときに勝負に出た。六日には広島に、九日には長崎に原爆が投下され、九日にはソ連が参戦していた。

〈時刻は十日午前二時をすぎた。いぜんとして議論はまとまらなかった。結論のでないまま、にこの会議は終るのであろう、まさかに票決という強硬手段を首相がとるとも思えぬ。首相がどうしたものか、もてあましているように誰もが考えた。人びとの注意が自然と首相に集った。／そのときである。首相がそろそろと身を起して立ちあがった。／「議をつくすこと、すでに二時間におよびましたが、遺憾ながら三対三のまま、なお議決することができませせぬ。しかも事態は一刻の遷延も許さないのであります。この上は、まことに異例で畏れ多いことでございまするが、ご聖断を拝しまして、聖慮をもって本会議の結論といたしたいと存じます」／一瞬、緊張のざわめきが起った。陸海軍首脳には不意打ちであった。／首相に乞われて、天皇は身体を前に乗りだすような格好で、静かに語りだした。

／「それならば私の意見をいおう。私は外務大臣の意見に同意である」／一瞬、死のような沈黙がきた。天皇は腹の底からしぼり出すような声でつづけた。／「空襲は激化しており、これ以上国民を塗炭の苦しみに陥れ、文化を破壊し、世界人類の不幸を招くのは、私の欲していないところである。私の任務は祖先からうけついだ日本という国を子孫につたえることである。いまとなっては、ひとりでも多くの国民に生き残っていてもらって、その人たちに将来ふたたび起ちあがってもらうほか道はない。／もちろん、忠勇なる軍隊を武装解除し、また、昨日まで忠勤をはげんでくれたものを戦争犯罪人として処罰するのは、情において忍び難いものがある。しかし、今日は忍び難きを忍ばねばならぬときと思う。明治天皇の三国干渉の際のお心持をしのび奉り、私は涙をのんで外相案に賛成する」／降伏は決定された。八月十日午前二時三十分をすぎていた。〉

終戦を決めた外務省の意訳

この瞬間から終戦処理は軍から外務省の手に移った。〈八月十日午前七時、国民がようやく寝床をはなれはじめるころ、一条件ともいえる「天皇の大権に変更を加うるがごとき要求は、これを包含しおらざる了解のもとに」ポツダム宣言を受諾する旨の電報が、中立国のスイスとスウェーデンの日本公使に送られていった。〉のである。この日本側の照会に対し、バーンズ米国務長官が回答したが、その訳文作成で外務官僚が智恵を絞り出した。

〈八月十二日は日曜日であった。その午前零時半すぎ、迫水《さこみず》書記官長は同盟通信外信部長から、サンフランシスコ放送が回答を流しはじめたことを知らされた。／（中略）外務省幹部は連合国の回答は不満足ながら、国体は護持されるとし、受諾する方針をきめた。全文を読むと天皇制に対する確たる保証はない。しかし「最終的の日本国の政府の形態は……日本国国民の自由に表明する意志により決定せらるべきものとす……」というのであるから半ば保証されたも同様だと判断したのである。／行動を起したのは大本営の方が早かった。午前八時すぎには早くも梅津参謀総長と豊田軍令部総長とが参内、軍は回答文に絶対に反対である旨を奏上した。回答文中にある subject to を軍はずばり「隷属する」と訳した。こう訳せば「天皇および日本国政府の国家統治の権限は……連合軍最高司令官に隷属するものとす」となるのである。これを受諾するということは、／「国体の根基たる天皇の尊厳を冒瀆しあるは明らかでありまして、わが国体の破滅、皇国の滅亡を招来するものです」／と両総長は力をこめて説くのである。／外務省幹部は、この subject to を「どうせ軍人は訳文だけをみて判断するだろうから」ときめてかかり、傑出した名訳を案出していた。「制限の下におかる」である。陸軍はこんどは乗せられなかった。かれらの訳出した「隷属する」でいかにして国体を護持できようかと硬化したのである。（中略）／外相が鈴木首相に会い、首相の意見も受諾案であることを確認し、参内したのは午前十時半をやや回っている。軍に遅れること二時間である。しかし、天皇の意志はもう一つに固まっていた。／「議論するとなれば際限はない。それが気に入らないからとて戦争を継続することはもうできないではないか。自分はこれで満足であるから、すぐ所要の外交手続きをとるがよい。なお、鈴木総理にも自分の意志をよく伝えてくれ」／午後三時から宮中では皇族会議が、首相官邸では閣議が、それぞれひらかれた。〉

“subject to” を常識的に日本語に翻訳すれば「隷属する」になる。「制限の下に置かれる」は誤訳とは言えないまでもかなりの意訳だ。それであっても「英語については外務省の方が陸軍省よりも達者である」という了解があるので、外務省の意訳作戦が成功したのだ。外務官僚が英文翻訳という技能を最大限に活用し、終戦の流れを固めたのである。

放送局での最後の攻防

さて、クーデターを企てた陸軍の井田正孝中佐、椎崎二郎中佐、畑中健二少佐らも決して無能な人々ではなかった。国家の意思決定の中枢である宮中と放送局の占拠を計画し、実行した。このとき日本放送協会の技術者が見事な対応をした。

〈宮城内の騒ぎが鎮まると同じころに、放送会館での畑中少佐たちの最後のあがきもようやく終りに近づきつつあった。少佐たちは拳銃をおさめ、脅迫というよりも哀願によって、自分たちの気持を全国民に訴えさせてほしいとなんどもくり返した。柳沢副部長、放送員和田信賢らは、同じ理由をこれもくり返すことによってはねつけていた。／「空襲警報がでている間は、どんな放送でもできないのです。東部軍の了解がいるのです」／そういいながらも、放送局側は万が一のときにそなえて万全の手を打っていた。技術局現業部主調整係長西島実は、すでに、放送会館から放送所への連絡線を断っておいた。かりに畑中少佐が放送を強行しても徒労でしかなかったのである。／（中略）そのときに畑中少佐に東部軍参謀より電話がかかってきた。／少佐は受話器をとった。君臣一如の国体護持のためには徹底抗戦のほかに道がないことを、少佐はくどくどかきくどくようにいった。拳銃を手に、眼を血走らせたはじめのころの少佐ではなかった。いらいらと、しかもなにかに怯えている男であった。痩せこけた頰と土色に変った唇の、ひとりの敗残者でしかなかった。／館野放送員は少佐をぼんやりと眺め、机の上に少佐がおいた放送の草稿を職業意識で、その一行目だけを読みとった。それには「宮城を守備しありしわが部隊は」と書かれていた。少佐の哀願はなおつづいている。電話の相手が誰かわからぬが、あきらめろ、と説得しているのが館野放送員にも察知された。少佐はまけずに「五分だけでいいのです。われわれ青年将校の気持を国民に伝えたいのです」と懇願をくり返していた。疲れを知らぬ少佐の最後の努力であった。／やがて「では、やむをえません」と少佐は受話器をおいた。しばらくその姿勢で虚空を眺めていたが、ふらふらとうしろへ倒れかかった。辛うじて脚を二、三歩うしろへ送ってこらえ、むこうをむいたまま拳で眼の辺をぐいと拭った。そしてふりかえって、ほかの将校たちに力強くいった。／「やるべきことはすべてやった。こ

れまでだ」／最後の最後までつづけられていた畑中少佐らの組織的な抵抗はこうして終った。〉

陸軍にも無線通信に通暁した技術将校はいくらでもいる。ラジオの専門家をクーデター派に加えていれば、独自の放送を行う、あるいは玉音放送を遮断するなどの混乱を引き起こすことはできた。

あの戦争の終結が可能になったのはテクノクラートが英知を結集したからである。

「いき」の構造

九鬼周造◉著

今の日本政治が「いき」でないのはなぜか

京都帝国大学教授として日本にハイデガーの実存主義哲学を導入した一人である九鬼周造（一八八八～一九四一）は、言葉遣いの実に巧みな知識人だ。東京帝大文学部で哲学を学んだ後、一九二一～二八年までドイツとフランスに留学し、リッケルト、ベルグソン、ハイデガーなどと交遊し、強い影響を受ける。ハイデガーは九鬼の才能を高く評価した。

今回、この連載で、『「いき」の構造』（初版一九三〇年）を扱う目的は、最近、日本の政治家の言語が、下品で野暮、すなわち「いき」の対極にあるからだ。北方領土の国後島で、酩酊し、「おっぱい」と叫び、戦争による領土問題の解決を主張したが、マスメディアや国会で追及されると雲隠れしてしまう国会議員の言動は「いき」ではない。九十五歳まで生きる場合の老後資金について、年金だけでは二千万円程度の不足が生じるという金融庁の文書について、世論の反発が強まると「受け取らない」という姿勢をとる財務大臣は極めて下品だ。こういう姿勢も「いき」でない。また、この問題で安倍総理は国民に謝罪しろと騒いでいる野党政治家も、民主党政権時代に自ら主導して社会保障と税の一体改革によってこの年金制度を作ったことについては口を閉ざしている。こういう政治的攻撃は「いき」ではなく、下品で野暮だ。下品で野暮な言葉遣いの氾濫によって国民の政治離れが加速しているのだと思う。政治を健全化するためには、政治から下品で野暮な言葉を必要最低限までに減らす必要がある。

九鬼は、まず「言葉」を考察する。

〈一般に言語というものは民族といかなる関係を有するものか。言語の内容たる意味と民族存在とはいかなる関係に立つか。意味の妥当問題は意味の存在問題を無用になし得るものではない。否《いな》、往々、存在問題の方が原本的である。我々はまず与えられた具体から出発しなければならない。我々に直接に与えられているものは「我々」である。また我々の綜合と考えられる「民族」である。そうして民族の存在様態は、その民族にとって核心的のものである場合に、一定の「意味」として現われてくる。また、その一定の意味は「言語」によって通路を開く。それ故に一の意味または言語は、一民族の過去および現在の存在様態の自己表明、歴史を有する特殊の文化の自己開示にほかならない。したがって、意味および言語と民族の意識的存在との関係は、前者が集合して後者を形成するのではなくて、民族の生きた存在が意味および言語を創造するのである。両者の関係は、部分が全体に先立つ機械的構成関係ではなくて、全体が部分を規定する有機的構成関係を示している。それ故に、一民族の有する或る具体的意味または言語は、その民族の存在の表明として、民族の体験の特殊な色合《いろあい》を帯びていないはずはない。〉

西洋語にはない

九鬼にとって民族とは文化共同体である。ドイツ語、フランス語で「いき」に相当する言葉を探す試みについて詳しく説明した後で、九鬼は〈要するに「いき」は欧州語としては単に類似の語を有するのみで全然同価値の語は見出しえない。したがって「いき」とは東洋文化の、否、大和《やまと》民族の特殊の存在様態の顕著な自己表明の一つであると考えて差《さし》支《つかえ》ない。〉と結論付ける。「いき」という言葉は、日本の文化的文脈でのみ理解可能ということだ。裏返して言うと、この言葉の意味を解説することで少なくとも日本人の文化的特徴の一部を示すことができるということだ。

「いき」が内包する意味には三つの特徴があると九鬼は考える。

〈まず内包的見地にあって、「いき」の第一の徴表は異性に対する「媚態」である。異性との関係が「いき」の原本的存在を形成していることは、「いきごと」が「いろごと」を意味するのでもわかる。「いきな話」といえば、異性との交渉に関する話を意味している。なお「いきな話」とか「いきな事」とかいううちには、その異性との交渉が尋常の交渉でないことを含んでいる。〉

確かに政治には恋愛の要素がある。ほとんどの自民党の国会議員が安倍晋三首相に対して媚態を示す。野党でも枝野幸男立憲民主党代表に媚態を示す国会議員は多い。「いき」のこの要素は、現下の政界にも充満しているようだ。

〈「いき」の第二の徴表は「意気」すなわち「意気地」である。意識現象としての存在様態である「いき」のうちには、江戸文化の道徳的理想が鮮やかに反映されている。江戸児《えどっこ》の気概が契機として含まれている。野暮と化物とは箱根より東に住まぬことを「生粋《きっすい》」の江戸児は誇りとした。「江戸の花」には、命をも惜しまない町火消《まちびけし》、鳶者《とびのもの》は寒中でも白足袋《しろたび》はだし、法被《はっぴ》一枚の「男伊達《おとこだて》」を尚《とうと》んだ。「いき」には、「江戸の意気張り」「辰巳《たつみ》の侠《きょう》骨《こつ》」がなければならない。〉

メディアのバッシングに遭うと、すぐにふにゃふにゃになってしまう国会議員が多い。もっとも国会議員だけでなく、官僚や大企業幹部でも、不祥事で打たれると萎《しお》れてしまう人が多い。意気や意気地は、いわゆるエリートと言われる人たちから急速に失われているように思える。

〈「いき」の第三の徴表は「諦め」である。運命に対する知見に基づいて執着《しゅうじゃく》を離脱した無関心である。「いき」は垢抜《あかぬけ》がしていなくてはならぬ。あっさり、すっきり、瀟洒《しょうしゃ》たる心持でなくてはならぬ。この解脱《げだつ》は何によって生じたのであろうか。異性間の通路として設けられている特殊な社会の存在は、恋の実現に関して幻滅の悩みを経験させる機会を与えやすい。（略）「いき」を若い芸者に見るよりはむしろ年増《としま》の芸者に見出すことの多いのは恐らくこの理由によるものであろう。〉

この点についての評価は難しい。国会議員の中には政治課題をすぐに諦めてしまう人も少なくないが、ネット上で自分の気に入らない意見を言う人に執拗に絡む絶対に諦めないタイプの人もいる。いずれにせよ「いき」な人のすることではない。

三つのバランス

九鬼は、〈以上を概括すれば、「いき」の構造は「媚態」と「意気地」と「諦め」との三契機を示している。そうして、第一の「媚態」はその基調を構成し、第二の「意気地」と第三の「諦め」の二つはその民族的、歴史的色彩を規定している。〉と言う。政界が「いき」でなくなっているのは、媚態、意気地、諦めの三つのバランスが崩れてしまっているからだ。意気地がなくなり、諦めが早いもしくは、ストーカー的な粘着質の政治家が、自分にとって利益が見出される権力者に対して徹底的に媚態を示す。外部から見ていると、醜悪きわまりない政治劇が行われている。

もっとも、このような環境から抜け出す方策がまったくないわけではない。「いき」を色にたとえ、九鬼はこんな説明をしている。

〈要するに、「いき」な色とはいわば華《はな》やかな体験に伴う消極的残像である。「いき」は過去を擁して未来に生きている。個人的または社会的体験に基づいた冷《ひや》やかな知見が可能性としての「いき」を支配している。温色の興奮を味わい尽した魂が補色残像として冷色のうちに沈静を汲むのである。〉

われわれは昭和末期から平成初期にバブル経済という華やかな経験をした。この体験の残像を見据えればいいのだ。日本がGDP（国内総生産）で世界第二位の地位を回復することはできない。しかし、太平洋戦争後の七十四年にこの国が格段と強くなり、生活水準、教育水準が向上したことも確かだ。虚勢を張らずに、着実に働き、学んでいけば、生きていくことはできるはずだ。日本の現状に対する冷ややかな知見が「いき」のための必要条件なのだ。

さらに「いき」は抽象的理論ではなく、具体的実践であると九鬼は強調する。

〈想起さるべきものはいわゆるプラトン的実在論の主張するがごとき類概念の抽象的一般性ではない。かえって唯名論の唱道する個別的特殊の一種なる民族的特殊性である。この点において、プラトンの認識論の倒逆的転換が敢えてなされなければならぬ。しからばこの意味の想起（アナムネシス）の可能性を何によって繋ぐことができるか。我々の精神的文化を忘却のうちに葬り去らないことによるよりほかはない。我々の理想主義的非現実的文化に対して熱烈なるエロスをもち続けるよりほかはない。「いき」は武士道の理想主義と仏教の非現実性とに対して不離の内的関係に立っている。運命によって「諦め」を得た「媚態」が「意気地」の自由に生きるのが「いき」である。人間の運命に対して曇らざる眼をもち、魂の自由に向って悩ましい憧憬《しょうけい》を懐く民族ならずしては媚態をして「いき」の様態を取らしむることはできない。「いき」の核心的意味は、その構造がわが民族存在の自己開示として把握されたときに、十全なる会得と理解とを得たのである。〉

現状にあてはめるならば、経済力で中国に追い抜かれ、今後、ますます引き離されることは諦めつつ、世界最強国である米国に媚態を示しつつも、日本人としての意気地を持ち続けるのが「いき」な生き方なのである。

哲学入門

田辺元◉著

終戦後の真摯な思想的格闘

田辺元は、抜群に頭がいい知識人だ。現代的に言うと、偏差値が極度に高いが、地アタマもいいので、難解な事柄を水準を落とさずに、誰にでもわかる言葉に言い換えることができる。田辺元は、師の西田幾多郎とともに京都学派を代表する哲学者だった。一九三九年に京都帝大で行った講演録が翌年に『歴史的現実』という表題で岩波書店から刊行されるとベストセラーになった。田辺は、〈具体的にいへば歴史に於て個人が国家を通して人類的な立場に永遠なるものを建設すべく身を捧げる事が生死を越える事である。自ら進んで自由に死ぬ事によつて死を超越する事の外に、死を越える道は考へられない。〉と強調した。学徒出陣兵や特攻隊員は『歴史的現実』を読んで、自らの死によって悠久の大義に生きることを納得したという。

四五年三月、田辺は、京都帝大を退官し、七月に群馬県北軽井沢に転居する。その後、この地をほぼ動かずに、半ば隠遁したような生活を送っていた。この生活には、戦時協力に対する自己批判としての意味があったのだろう。四六年には『懺悔道としての哲学』(岩波書店)を上梓し、戦争責任の問題を扱った。田辺の懺悔道は、当時言われていた「一億総懺悔」のような無責任な発想ではなく、キリスト教のメタノイア(悔悛)に近い、真摯な思想的格闘であったが、それは正確に理解されなかった。

田辺は、四八〜五一年、北軽井沢で、長野県の小中学校の教師が組織する信州哲学会の会員約二十人を対象に、哲学講義を行った。

この講義は、筑摩書房から新書版で『哲学入門――哲学の根本問題』(四九年五月)、『哲学入門――補説第一　歴史哲学政治哲学』(同年七月)、『哲学入門――補説第二　科学哲学認識論』(五〇年四月)、『哲学入門――補説第三　宗教哲学・倫理学』(五二年二月)として刊行され、いずれもベストセラーになった。敗戦後、数年間は、哲学本が売れ筋だった。ちなみにこの四冊の新書は、六三年に『田辺元全集　第十一巻』(筑摩書房)に合冊され刊行された。同じ判型の田辺元『哲学入門』も筑摩書房から刊行された。本稿の引用は全集版による。受講生は小中学校の教師であるが、現在の日本でいうならば、文学部哲学科もしくは倫理学科を卒業したレベルの哲学・思想史に関する基礎知識を持っている。

従って、田辺は、哲学者や思想家について概論的な説明は行わず、いきなり事柄の本質に踏み込む。具体的には、こんな調子だ。

ファウストの疑問

〈皆さんはゲーテの『ファウスト』をお読みになつてゐられるでせう。そのはじめの、「哲学も学んだ、何も学んだ、余計な話だが神学まで学んだが、得るところはない」といふファウストの嘆き、述懐をする場ではなくて、それより後に、彼がワークナァといふ助手を伴ひいつしよに外の様子を見ようといふので、人間の世界を見るために、市中を散歩してから再び書斎へもどつて、夜またファウストが書斎で自分の述懐をする、そのぢき後からメフィスト（引用者註＊悪魔）がでてくる。そのでてくる前の書斎の場でファウストはかういふことを言ふ。

「自分は散歩したりして人間に対する愛とか自然に対する愛といふものが甦つた。最初の非常にふさいでゐた状態から見ると気が軽くなつた。しかし、依然として自分の心は乾き切つてゐて、本当に生きがひを感ずることができない。かういふやうに自分の心が枯渇した時には、何よりも啓示に頼つて、啓示により自分の心を潤して貰ふといふことが唯一の方法であらう。啓示の最大なるものは新約聖書である。自分はそこで新約聖書を取上げて、新約聖書の中の言葉を自分の好きなドイツ語に飜訳してみる。これが自分の新しい元気を

喚び起してくれるところの方法だ」といふことを言ひながら聖書を取つて『ヨハネ伝』の初めの飜訳にとりかかる。〉

「ヨハネによる福音書」（「ヨハネ伝」）の一章一～三節に、〈初めに言《ことば》があった。言は神と共にあった。言は神であった。この言は、初めに神と共にあった。万物は言によって成った。成ったもので、言によらずに成ったものは何一つなかった。〉と記されている。ギリシヤ語のロゴスを言と訳している。キリスト教神学のロゴス・キリスト論という考え方によると、人間の特徴は言葉を使うことで、言葉から愛、憎しみ、善、悪が生じる。田辺は、ゲーテが『ファウスト』で行ったロゴスのドイツ語訳のエピソードを世界史の転換と関係づける。

〈御承知の通り『ヨハネ伝』はかういふ言葉で始まつてゐる。「初めに言葉あり、言葉は神とともにあり、言葉は神なりき。」この「初めに言葉あり」といふ場合の言葉はLogosです。それをファウストがドイツ語に飜訳しようとして、日本語でもロゴスをギリシヤの原意に従つて「初めに言葉あり」と訳してゐると同じやうに、ファウストも先づ第一にロゴスを言葉（das Wort）と訳す。さうやつて訳して見るけれども、しかしファウストには気にいらない。彼はいふ、自分は言葉にそんなに重きをおいてゐないと。そこにはギリシヤの世界観、ギリシヤ人のロゴスの世界観、言葉の世界観といふものがあるわけです。アリストテレスにも存在は語られるものだといふ前提がある。そこにギリシヤの存在学が、言葉と離れられない関係をもつことが認められる。『ヨハネ伝』はギリシヤの思想を福音に注ぎ込んだものであるから、「言葉あり」といふ訳もそれでいいのですが、しかしファウストには言葉では気に入らない。〉

『ファウスト』では、言葉とギリシヤ思想の関係についての説明はない。ファウストがロゴスを言葉と訳すことが気にくわないという短い記述の思想史的背景を田辺は掘り下げて解いているのだ。さらに田辺の考察はヘブライ思想に及ぶ。

〈そこで今度は言葉の代りに意味とか心（der Sinn）とか飜訳して見る。ロゴスを今度は心と訳してみた。そこにいふ心とはわれわれの心でなく、世界には意味がある、神が世界を造るには、神が或る心をもつて、すなはち或る意図をもつてしたのであるから、世界には意味がある、心があるといふのである。さういふ意味でロゴスを心と訳したわけです。心はいまわれわれがそれを歴史に割当てて考へると「言葉あり」はギリシヤの立場であり、心はヘブライの考へであるといへませう。旧約の神が世界を自分の全智全能によつて造るといふ、さういふ意志、心であります。それでもファウストは気に入らない。〉

田辺の視座から国際状勢を分析

古代ギリシヤの精神が、言葉ならば、中世ヨーロッパは、古代ギリシヤの精神とキリスト教のヘブライ的な心が融合して出来上がったものだ。このような精神で現実の世界は理解できないとファウストは考える。そこで思考を近現代に進める。

〈そこでまた更に改めてロゴスを力（die Kraft）と訳してみた。力は前から話してゐますやうに、工作的な人間の原理であつて近世的なものであります。しかし、それでもまだファウストは落着けない。最後にファウストは行為《わざ》（die Tat）と訳した。それが歴史主義の現代といふものに当るといはれませう。初めにあるのは行為である。存在の原理は行為である。ロゴスを行為と訳すことによつてファウストはやつと満足することができた。尤もファウストの物語は中世のものですが、しかしゲーテの『ファウスト』は彼の世界観を盛つたものです。〉

近代人であるゲーテが、中世人であるファウストに仮託し、世界観の歴史を描いた作品が『ファウスト』だと田辺は解釈している。そこから、ゲーテが想定しなかった未来も見通すことができると田辺は考える。

〈それを更に私が歴史的に、ギリシヤ、ヘブライ、近世、現代といふやうに割当てて見たのですが、或程度当るといふことは、ゲーテの直覚が彼の時代をも超えてその後の現代をも観透してゐたと解してもいいでせう。偶然にせよこれは面白い。ギリシヤでは言葉であり、ヘブライは心（神の意志）であり、近世にくればそれが力であり、それから歴史主義の時代、現代になれば、わざであり行為である、と解釈することができる。〉

この田辺の視座で、現在の国際情勢を分析することができる。欧米や日本など先進国の論理は、国際法を重視する、即ち言葉を重視し、国家の行為を判断の基準とするという、「言葉と行為」に基づいている。これに対して、シリアとイラクの一部地域を占拠しているイスラム教スンナ派過激組織「イスラム国」は、心(神の意志)を基準に行動している。また、ウクライナ東部で、内戦を起こしているウクライナ中央政府と親露派武装勢力は、「力」の論理で動いている。それぞれの人間の集団を動かしている動機が何であるかを適確につかんでおけば、対処方針も立てやすくなる。その意味で、田辺元の哲学は、政治家や外交官が、国際関係を理解するためにとても役に立つ。従来の常識が通用しなくなる激動の時代には、哲学が実務にも役立つのである。

歴史哲学講義

ヘーゲル◉著

歴史を動かす主体は何か

ゲオルグ・ウィルヘルム・フリードリヒ・ヘーゲル（一七七〇～一八三一年）は、ドイツの古典哲学を集大成した哲学者だ。ヘーゲルの哲学は、マルクス、キエルケゴールなどだけでなく、フランシス・フクヤマの「歴史の終焉」という発想にも強い影響を与えた。ヘーゲルのテキストは難解だという評価が定着しているが、叙述に癖があるだけで、思想は決して難しくない。特に講義録である『歴史哲学講義』は、わかりやすい。ヘーゲルのドイツ語原文と比較して、日本語訳が難しいこともある。例えば、人倫という言葉が出て来ても、その意味がよくわからない。ただし、長谷川宏氏の訳文には人倫という言葉は出てこない。文脈に従って、家族、教会、学校、国家などと訳し分けているからだ。『精神現象学』『歴史哲学講義』などは、長谷川宏氏の新訳によって新たな読者が増えている。ヘーゲルにおいて、歴史を動かす主体は絶対精神だ。絶対精神が国家を通じて歴史を動かす。ただし、ヘーゲルは、歴史的個人である英雄の役割を重視する。

〈このように、世界史的個人は世界精神の事業遂行者たる使命を帯びていますが、かれらの運命に目をむけると、それはけっしてしあわせなものとはいえない。かれらはおだやかな満足を得ることがなく、生涯が労働と辛苦のつらなりであり、内面は情熱が吹きあれている。目的が実現されると、豆の莢《さや》にすぎないかれらは地面におちてしまう。アレクサンダー大王は早死にしたし、カエサルは殺されたし、ナポレオンはセント・ヘレナ島へ移送された。歴史的人物が幸福とよべるような境遇にはなく、幸福は、種々様々な外的条件のもとになりたつ私生活にしか約束されない、というのはぞっとするような歴史の事実ですが、その事実になぐさめられる人もいるかもしれません。が、そんななぐさめを必要とするのは、立派な偉業を見て不愉快に思い、なんとかそれを小さく見せようと粗《あら》さがしをする嫉妬ぶかい人だけです。いまでもそんな人はいて、王座にある君主はしあわせではない、と考え、だから自分はよろこんで君主に王座をあたえるし、自分が王座にすわらなくても平気でいられる、といったことをしたり顔で口にしたりしている。が、自由な人間というものは嫉妬心などもたず、高貴な偉業をすすんでみとめ、それが存在することによろこびを感じるものです。〉

従僕の目に英雄なし

こういう英雄は、歴史において誤解される。〈かれの行動は名誉欲や征服欲にもとづくもの〉と見られるからだ。さらに英雄を身近なところで知っている凡庸な人間が、自分の甲羅に合わせて心理的考察を行うからだ。そのため、英雄が俗物のように見えてしまうことをヘーゲルは嘆いてこう述べる。〈こうした心理家たちはまた、歴史的大人物の私生活にまつわる特殊な事実に、強い執着を見せます。人間は食べたり飲んだりしなければならず、友人知人とつきあい、刹那的な感情や興奮にかられます。「従僕の目に英雄なし」とはよく知られたことわざですが、わたしはかつて、「それは英雄が英雄でないからではなく、従僕が従僕だからだ」と補足したことがある（ゲーテが十年後におなじことばをくりかえしましたが）。従僕というのは、英雄の長靴をぬがせ、ベッドにつれていき、また、かれがシャンパン好きなのを知っている男のことです。歴史的人物も、従僕根性の心理家の手にかかるとすくわれない。どんな人物も平均的な人間にされてしまい、ことこまかな人間通たる従僕と同列か、それ以下の道徳しかもたない人間になってしまう。〉

政治家に関する内部告発本で、感動的なものが少ないのは、従僕根性のひねくれた視座から書かれているので、その政治家の全体像が伝わってこないからだ。

それにしても世界史的個人は、滅私奉公で、私生活は不幸で、業績は評価されずに悪口ばかり書かれる。ヘーゲルは、それについてはあきらめるしかないと達観して、こう述べる。

〈世界史的個人は冷静に意思をかため、広く配慮をめぐらすのではなく、ひたむきに一つの目的にむかって突進します。だから、自分に関係のない事柄は、偉大な、いや、神聖な事柄でさえ、軽々にあつかうこともあって、むろんそのふるまいは道徳的に非難されてしかるべきものです。が、偉大な人物が多くの無垢な花々を踏みにじり、行く手に横たわる多くのものを踏みつぶすのは、しかたのないことです。

一般理念の実現は、特殊な利害にとらわれた情熱ぬきには考えられない。特殊な限定されたものとその否定から一般理念は生じてくるからです。特殊なものがたがいにしのぎをけずり、その一部が没落していく。対立抗争の場に踏みいって危険をおかすのは、一般理念ではない。一般理念は、無傷の傍観者として背後にひかえているのです。一般理念が情熱の活動を拱手傍観し、一般理念の実現に寄与するものが損害や被害をうけても平然としているさまは、理性の策略とよぶにふさわしい。世界史上のできごとは、否定面と肯定面をあわせもつ。特殊なものは大抵は一般理念に太刀打ちできず、個人は一般理念のための犠牲者となる。理念は、存在税や変化税を支払うのに自分の財布から支払うのではなく、個人の情熱をもって支払いにあてるのです。〉

こういう風に説明されると、北方領土交渉に文字通り命懸けで取り組んだが故に失脚した鈴木宗男氏も「理性の策略」の犠牲者になったのだと納得できる。ちなみに鈴木宗男事件に連座した筆者も、「個人の情熱をもって」、東京地検特捜部による逮捕、五百十二日間の独房への勾留、懲役二年六カ月（執行猶予四年）の判決などの支払いをすることになったということなのだろう。人生の苦境を納得の行く理屈で説明してくれるところがヘーゲルのありがたさだ。

ギリシアから始まる

さて、ヘーゲルは、徹底した西洋至上主義者なので、〈世界史は東から西へとむかいます。ヨーロッパは文句なく世界史のおわりであり、アジアははじまりなのですから。（中略）世界史は野放図な自然のままの意思を訓練して、普遍的で主体的な自由へといたらしめる過程です。東洋は過去から現在にいたるまで、ひとりが自由であることを認識するにすぎず、ギリシャとローマの世界は特定の人びとが自由だと認識し、ゲルマン世界は万人が自由であることを認識します。したがって、世界史に見られる第一の政治形態は専制政治であり、第二が民主制および貴族制、第三が君主制です。〉と強調する。

歴史は、中国、インド、ペルシアなどの東洋から始まるが、それは前史のようなものであり、ほんとうの歴史はギリシアから始まるとヘーゲルは考える。そして、最終的には、宗教と愛国心が一致することができるプロテスタンティズムのドイツ国家が、最も歴史の発展した形態であると考える。〈法律や憲法や政府についてはさまざまな見解や意見がありうるが、愛国心の持主は、そうした見解のすべてが国家という共同体の下位におかれ、国家の前では破棄されるべきだと考えねばならない。さらには、愛国心以上に高級で神聖なものはなく、宗教がいかに高級で神聖なものであろうとも、宗教のうちには国家体制と異質なものや対立するものは一つもふくまれないはずだ、と考えねばならない。国家宗教というものの偽信ぶりや偽善ぶりを見せつけられると、国家の法律や憲法を宗教から完全に切りはなすことが基本的な知恵だとも考えられるが、もともと宗教と国家は、内容上のちがいはあっても、根は一つで、法律の最高のまもり手が宗教なのです。〉〈最後に、愛国心について一言すれば、すでにのべたように、プロテスタント教会によって宗教と法の和解がもたらされています。世俗の法と食いちがったり、それと対立したりするような良心は、けっして神聖な良心でも宗教的な良心でもありません。〉

ヘーゲルの訴え

国家を通じて、個人は民族の一員として歴史に参加する。歴史においては、支配的な民族は交替するが、その中で絶対精神が発展していくのだ。〈歴史に登場する民族がつぎつぎと交替するなかで、世界史がそうした発展過程をたどり、そこで精神が現実に生成されていくこと——それこそが正真正銘の弁神論であり、歴史のなかに神の存在することを証明する事実です。理性的な洞察力だけが、聖霊と世界史の現実とを和解させうるし、日々の歴史的事実が神なしにはおこりえないということ、のみならず、歴史的事実がその本質からして神みずからの作品であることを認識するのです。〉。歴史に貢献したいと考える個人は、そのために自分がボロ雑巾のように使い捨てにされることを覚悟しなくてはならない。もっともそのことを哲学者は理解しているので、滅私奉公型の人生も無意味ではないとヘーゲルは訴えているのであろう。

菊と刀

ルース・ベネディクト◉著

日本人の内在的論理をとらえた古典

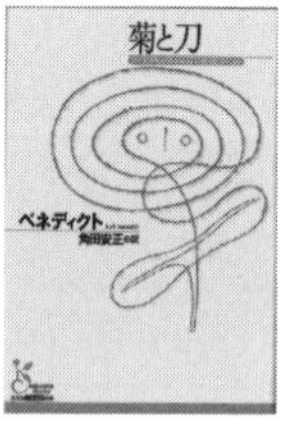

太平洋戦争で米国は日本と文字通り総力戦を展開した。総力には知力も含まれる。日本本土に上陸する前に沖縄戦を想定していた米海軍省は、一九四四年十一月に『琉球列島に関する民事ハンドブック』という三百四十四頁からなる部外秘のインテリジェンス分析調書を刊行した。当時、軍政を担当する将校に命じられた米イエール大学の文化人類学者ジョージ・P・マードックを中心とする専門家によって作成されたものだ。そこでは、日本人と沖縄人の関係について、こう記されている。

〈民族的立場　日本人と琉球島民との密着した民族関係や近似している言語にもかかわらず、島民は日本人から民族的に平等だとは見なされていない。琉球人は、その粗野な振る舞いから、いわば「田舎から出てきた貧乏な親戚」として扱われ、いろいろな方法で差別されている。一方、島民は劣等感など全く感じておらず、むしろ島の伝統と中国との積年にわたる文化的つながりに誇りを持っている。よって、琉球人と日本人との関係に固有の性質は潜在的な不和の種であり、この中から政治的に利用できる要素をつくることが出来るかも知れない。島民の間で軍国主義や熱狂的な愛国主義はたとえあったとしても、わずかしか育っていない。〉（沖縄県立図書館史料編集室『沖縄県史　資料編1　民事ハンドブック　沖縄戦1（和訳編）』沖縄県教育委員会、一九九五年）

日本人は沖縄人を差別しているが、沖縄人は劣等感を全く感じておらず、独自の歴史と文化に誇りを持っているので、両者の差異を拡大して対日戦争における米国の立場を強化するという工作目的が鮮明になっている。現在、米海兵隊普天間飛行場の移設問題で政府と沖縄県の関係が緊張しているが、その背景には国際基準で見る場合の民族問題に該当する構造があることが『民事ハンドブック』を読むとよくわかる。

『菊と刀』の原型となったのも米戦時情報局（ＯＳＳ）の指示によって米コロンビア大学の文化人類学者ルース・ベネディクトを長とするチームが作成した『日本人の行動パターン』だ。このインテリジェンス分析調書をベネディクトらは四五年五月初頭から八月初頭にかけて執筆したが、国務省に提出したのは、日本が降伏した後の四五年九月十五日だった。ベネディクトは、この調書を一般読者向けに加除修正し、四六年十一月に『菊と刀』

との表題で公刊した。ベネディクトは、一度も日本を訪れたことはなく、文献資料と米国にいる日系人からの聴き取りだけで本書を書いたが、本書は日本人の内在的論理をとらえた古典としての地位を獲得し、刊行から七十年を経た今日でも読まれている。日本語版は、九六年時点で累計二百三十万部が売れた大ベストセラーだ。

『菊と刀』は、長谷川松治訳で長らく読まれてきたが、本稿では角田安正氏（防衛大学校教授）の訳を用いる。言葉は生き物なので、時代とともに変化していく。実は、筆者は角田氏とモスクワの日本大使館で机を並べて仕事をした経験がある。角田氏は専門調査員として大使館に出向し、ロシア内政を担当していた。角田氏は言葉のセンスが非常によいので、正確でわかりやすく、かつ洞察力の鋭い調書を作成していた。その後、優れたロシア語力を生かしてレーニンの『国家と革命』『帝国主義論』などの新訳を作成しているが、今後、数十年の使用に耐える見事な翻訳だ。『菊と刀』にも、正確で読みやすいという角田訳の特徴があらわれている。

日本人独特の国家観

ベネディクトの『菊と刀』という表題に、本書の問題圏が端的に提示されている。〈「役者や絵師を敬う美意識、あるいは菊の栽培にあらん限りの工夫を凝らす美的感覚を一般大衆が大事にしている」と本に書きながら、わざわざ別の研究書を著して、刀をあがめ武士《もののふ》をうやうやしく扱う風習について補足する。／これらの矛盾はいずれも日本に関する書物の縦糸と横糸であって、すべて真実である。菊も刀も、同じ日本像の一部なのである。日本人は攻撃的でもあり、温和でもある。〉

菊の栽培に見られるような平和的な美意識と刀で示された流血を辞さずに自らの目的を達成する凶暴さが、一人の日本人の中で、人格分離を起こさずにどのようにして共存できているかという謎を文化人類学的知見を用いれば、論理整合的に解明できるとベネディクトは考える。

そこで出てくる鍵となるのが「応分の場を占める」という概念だ。〈いやしくも日本人を理解しようとするなら、それに先立って確かめておくべきことがある。それは、日本人が「応分の場を占める」という言葉の意味をどのように解釈しているのか、ということである。日本人は秩序と階層的な上下関係に信を置き、一方、わたしたちアメリカ人は自由と平等に信を置く。〉

「応分の場を占める」というのは、関係概念だ。日本人には、「これが正しい人間だ」「これが正義の国家だ」という理解が、実体的でなく関係の中でとらえられる相対概念であるとベネディクトは考える。尊敬や謙譲にしても、関係概念で、そこから日本人独特の国家観が導き出される。〈日本人には古来、尊敬と謙譲という習慣がある。それは、過去の経験の中で形作られ、倫理体系と礼儀作法の中に組み込まれている。「要路の人々は、『応分の場』において職分を果たすなら、特権を尊重してもらえるはずだ」。国家はそのような打算を働かすことができる。政策が是認されているからではなく、特権の縄張りを侵すことが不正と見なされているからである。政策決定の最高レベルでは、世論にお呼びはかからない。政府が求めるのは国民の支持だけである。（中略）国家は国内でさまざまな役割を果たしているが、必要悪ではない。その点ではアメリカと対照的である。アメリカにおいては、国家を必要悪と見なす国家観がごく普通である。日本人の目から見ると、国家は最高の善に準ずるものである。〉

国家が「応分の場」さえ守っているならば、国民は国家の恣意的な指示や命令であっても、抵抗感を持たずに従う。家長である父親の機能を国家が果たすというパターナリズム（父権主義）の国家観だ。この点についてのベネディクトの分析は、事柄の本質をよくとらえていると思う。現在の日本でも「国家の本質が悪である」と考えるのは、一部の知識人だけだ。国会での議論を聞いていると保守もリベラルも、「良き国家が国民の安全を確保し、幸福を増進すべく努力すべきだ」との共通前提がある。無意識のうちに政治家は、父親の機能を果たすべきであると考えているのだ。それだから、日本の政治文化は、封建的体質から抜け出すことができないのである。

国家論や家族論について、『菊と刀』は、日本人の特徴を見事に表現している。これに対して日本文化を成立させている原理に対する考察に関する箇所は説得力が落ちる。例えば、日本人の行動規範を恥に求める。〈異なるさまざまな文化を対象とする人類学の研究においては、二種類の文化を区別することが重要である。一方は、恥を強力な支えとしている文化。他方は、罪を強力な支えとしている文化である。ある社会は絶対的な倫理基準の刷り込みをおこない、人々が良心を発揮することに頼って存立している。そのような社会は定義上、罪の文化ということになる。しかし、アメリカをはじめ罪の文化を基盤とする社会において、罪とは無関係な失態を気にするあまり恥ずかしさにさいなまれるということはある。〉

一昔前まで、欧米のキリスト教文化圏は「罪の文化」であるのに対して日本は「恥の文化」であるという二分法が流行していた。しかし、少し冷静に考えてみれば、この言説が成り立たないことがわかる。なぜなら、罪も恥も普遍的な価値観だからだ。罪と恥の双方を持たない文化は成立しない。そして、罪と恥の比率もそれほど大きく変化することはない。キリスト教文化圏でも、罪よりも恥を重視する人はいくらでもいる。また、日本人の間で広く流通している「お天道さまが見ている」という道徳規範は、他者の目のないところでも機能するので、むしろ罪に近い。

ベネディクトの奇妙な解釈

日本人は罪という概念が稀薄であるという誤認から、日本人の誠（誠意）についても奇妙な解釈をベネディクトはしている。〈この言葉（引用者註＊「誠」）は日本人の倫理を単純化するものではない。それは、日本人の道徳性の「土台」や「精髄」ではない。それは指数なのである。いかなる数字も右肩に指数をきちんと添えられれば、その分だけ累乗される。（中略）ちょうどそのような指数と同じように、誠《マコト》を付け加えられると、日本人の規範の各項目は累乗される。誠はいわば個別の徳目ではなく、おのれの信条に心酔しているということなのである。〉。要するに、目的は善であっても悪であっても関係ないが、ただ指数を増やしていくことに熱中する、平たい言葉で言い換えるならば「目的は何でもいいからひたすら一生懸命に頑張ること」が日本人の価値観であるとベネディクトは見ている。一生懸命頑張っている日本人の中に、獲得しないといけない目的があるという当たり前のことがベネディクトには見えていない。

資本論

マルクス◉著　エンゲルス◉編

資本主義の構造を知る

最近、マルクスの『資本論』に関する原稿や講演の依頼が増えた。どうもフランスの経済学者トマ・ピケティ『21世紀の資本』の邦訳が二〇一四年十二月に刊行され、ブームになっていることと関係しているようだ。もっともピケティがマルクスの『資本論』を精読したとは思えない。ピケティの資本や賃金の概念は、マルクスとはまったく異なる。マルクスの『資本論』によると賃金は生産の段階で資本家と労働者の力関係で決まる。利潤の分配は資本家間の問題だ。これに対してピケティは賃金を利潤の分配の問題と考える。ピケティは、〈要約すると、長い目で見て賃金を上げ賃金格差を減らす最善の方法は、教育と技能への投資だ。結局のところ、最低賃金と賃金体系によって賃金を5倍、10倍にするのは不可能だ。そのような水準の進歩の達成には、教育と技術が決定的な効力を持つ。〉（『21世紀の資本』みすず書房）と指摘する。資本の収益率が、産出と所得の成立を上回るようになると、資本主義社会の基盤を崩壊させかねない危機が生じるとピケティは警鐘を鳴らす。

過去にもこのような資本主義崩壊説は何度も語られた。しかし、実際に資本主義が崩壊することはなかった。資本は、恐慌を繰り返し、人間を疎外しながらも、再生産を繰り返す内在的な力があることをピケティは過小評価している。累進的な所得税と相続税に加え、累進的な資本税を導入し、富の再分配を実施すべきだというのがピケティの処方箋だ。特に資本税の重要性について〈金持ちの貢献能力をきちんと評価できるのは、資本の直接課税だけなのだ。〉と強調する。現実的に考えた場合、この三つの累進課税を実施するためには、グローバルな資本に対抗できる強大な国家が必要になる。そして、その国家を運営する官僚に強大な権力を付与する必要が生じる。そうなると、権力を背景に国家が経済に干渉することで、国民の平等を実現するというファシズムやスターリニズムに似た体制が生じかねない。

資本論の二つの文体

マルクスは、ピケティをはじめとする現在の主流派経済学者（一昔前まで日本では近代経済学者と呼ばれていた）とは、まったく異なる経済観、国家観を持つ。もっともマルクスの『資本論』は、決して読みやすい本ではない。岩波文庫第一分冊では目次と序文だけで六十頁もある。そこには〈学問には坦々たる大道はありません。そしてただ、学問の急峻な山路をよじ登るのに疲労困憊をいとわない者だけが、輝かしい絶頂をきわめる希望をもつのです。〉というような、読者の意欲を失わせるようなことが書いてある。

しかし、資本論は、マルクスが展開する議論の筋道を追って読んでいくと、必ず理解できる。

さて、『資本論』が難解な書とされているのにはいくつかの理由がある。第一は文体だ。『資本論』は全三巻の構成だが、マルクス自身の手によって出版されたのは第一巻だけだ。第二、三巻は、マルクスの盟友でパトロンのエンゲルスが編集している。第一巻の文体には、哲学書のような癖がある。また、他人の見解を引用して、それにコメントをつけるという作業を何度も繰り返している。この文体は、ユダヤ教のタルムード（口伝で伝えられた律法とその解釈）研究に似ている。これに対して、エンゲルスが編集している残り二巻は、役所の報告文書のような、わかりやすいが無味乾燥な文体だ。文体は思想を表す。思想が変化するとそれが文体に現れる。ソ連型マルクス・レーニン主義が正統派の座を占めていたときは、マルクスとエンゲルスは一体の思想を持っていたと信じられていたが、現在の研究では、両者の思想には無視できない差異があったことが明らかにされている。エンゲルスは、第二巻序文で、〈私は、原稿を能うかぎり言葉どおりに再現し、文体については、マルクス自身でも改めたであろうと思われる点だけを改め、（中略）解釈にいささかでも疑問の残った文章は、むしろ全く言葉どおりに印刷されてある。〉と述べているが、マルクスが残した草稿と比較すると利子論、地代論をはじめとする重要な部分で、両人の解釈にはかなり違いがある。

『資本論』が難しいのは、マルクスに学者であり革命家であるという二つの魂があるからだ。

第一の学者としての魂でマルクスは、資本主義という対象を徹頭徹尾論理的に理解しようとする。資本主義社会で、人々は欲望を商品を購入することによって満たす。貨幣を媒介にしないと商品は円滑な交換ができないので、商品は必ず貨幣を生み出す。貨幣を商売、金貸し、産業によって増やそうとする動きが資本だ。商品は、貨幣、資本と切り離すことができない。ただし、人間の生活が商品を基礎に行われるようになったのは、近代資本主義が成立してからだ。ここで鍵になるのが労働力の商品化だ。近代の労働者は、中世の農民と違って移動の自由を持つ。同時に、土地や道具、機械などの生産手段からも自由（持っていないということ）だ。マルクスはこれを「二重の自由」と言った。この「二重の自由」な状態にある労働者が持っている商品は、労働力だけだ。コンビニの時給が九百円だとすると、店主はアルバイトを雇うことにより、一時間あたり九百円より多くの利益を得る。仮に千二百円の利益を得るとするとその差額の三百円が剰余価値だ。労働者側から見ると三百円が搾取されていることになる。

しかし、搾取は違法ではない。自由で平等な立場にある資本家と労働者が、賃金額を合意している。このように自由で平等な雇用で労働力が商品化されることによって、資本家が労働者を支配しているという資本主義社会の構造が見えにくくなっているとマルクスは考えた。労働者が一生懸命に働けば、労働力の価値である賃金はいくらでも上昇するのだろうか。マルクスはそういうことはないと喝破した。〈労働力の価値は、平均労働者の習慣的に必要とする生活手段の価値によって規定されている。これらの生活手段の形態は変動することがあっても、その量は、一定社会の一定時代にあっては与えられたものであり、したがって不変の大いさとして取扱われうる。〉。一カ月の賃金ならば、家を借り、食事をし、ちょっとした娯楽でリラックスして、次の一カ月を働くことができるだけの商品やサービスを購入する費用、家族を養って子どもを育て労働者階級を再生産するために必要な費用、技術革新にあわせて労働者が学習するためにかかる費用の合計から、大きく乖離した水準の賃金はないというのが『資本論』の論理だ。資本家が、人格的にいかに優れた人間であっても、労働者を搾取し、資本間の競争に勝たなければ、資本主義社会では生き残っていけないのである。マルクスは、〈資本は本質的に資本を生産する。そして、ただ資本は、剰余価値を生産するかぎりにおいてのみ、それをなす。〉と強調する。資本主義社会において搾取しない資本家は、倒産した人だけだ。倒産した資本家は賃金を払うことができないので、労働者にとって最悪だ。

資本主義がなくならない理由

マルクスは、このような資本主義社会を抜本的に転換すべきと考えていた。第二の革命家の魂が滲み出ている記述が『資本論』には何カ所かある。例えば、第一巻第二十四章「いわゆる本源的蓄積」に記されている窮乏化によって資本主義が崩壊するという以下の主張だ。

〈この転形過程のあらゆる利益を横領し独占する大資本家の数の不断の減少とともに、窮乏、抑圧、隷従、堕落、搾取された大衆が増大するのであるが、また、たえず膨脹しつつ資本主義的生産過程そのものの機構によって訓練され結集され組織される労働者階級の反抗も、増大する。資本独占は、それとともに、かつそれのもとで開花した生産様式の桎梏となる。生産手段の集中と労働の社会化とは、それらの資本主義的外被とは調和しえなくなる一点に到達する。外被は爆破される。資本主義的私有の最期を告げる鐘が鳴る。収奪者が収奪される。〉（向坂訳を一部変更した）

この記述は、資本の蓄積から論理的に導くこともできないし、当時のイギリス資本主義の歴史的事実を解明したものでもない。共産主義イデオロギーの立場から、マルクスが資本主義を非難した箇所と解釈するのが妥当だ。世の中のマルクス主義者の圧倒的多数は、「マルクスが間違えたことを言うはずがない」という信仰を持ちながら『資本論』を読んだ。そこから「贔屓の引き倒し」のような現象が起きて、論理的、実証的でない窮乏化革命論のような信仰が台頭してしまったのである。

二十一世紀に生きるわれわれはマルクス主義に基づいて建設されたソ連型社会主義がどのような悲惨なものであったかを知っている。『資本論』から学ばなくてはならないのは、革命論ではない。資本は本質的に自らを再生産する能力があるために、資本主義はそう簡単になくならないという構造を知るために今日でも『資本論』より優れた作品はないのである。

代表的日本人

内村鑑三◉著　鈴木範久◉訳

日本のバックボーンとなった五人の偉人

現下の日本が危機的状況にあるという認識は広く共有されている。グローバル化に対応した「開国」が必要であると主張する論者も少なくない。政治家や官僚が小物になっているという嘆きもよく聞く。しかし、嘆いたり、愚痴ったりしているだけでは何の効果もない。こういうときは、歴史に学ぶことが重要だ。

内村鑑三（一八六一～一九三〇）が、一九〇八（明治四十一）年に英語で上梓した『代表的日本人』（Representative Men of Japan）は、日露戦争に勝利した後の日本が、帝国主義クラブの後発メンバーとして熾烈な国際競争の中で生き残っていくという問題意識で書き直されたユニークな偉人列伝である。

ここで内村は五人をとりあげ、その特徴をキャッチコピーで示す。

西郷隆盛――新日本の創設者

上杉鷹山――封建領主

二宮尊徳――農民聖者

中江藤樹――村の先生

日蓮聖人――仏僧

五人はいずれも改革思考を持った勤勉な人たちだ。プロテスタントのキリスト教徒である内村の価値観が反映された人選だ。特に冒頭の西郷と末尾の日蓮から内村は多くを学んでいる。

「鎖国」は深い智慧

西郷について論じる前に内村は鎖国の正当性を強調する。

〈長くつづいた日本の鎖国を非難することは、まことに浅薄な考えであります。日本に鎖国を命じたのは最高の智者であり、日本は、さいわいにも、その命にしたがいました。それは、世界にとっても良いことでした。今も変わらず良いことであります。世界から隔絶していることは、必ずしもその国にとって不幸ではありません。／やさしい父親ならだれでも、自分の子がまだ幼いのに、「文明開化」に浴させようとして、世の中にほうり出すような目にはあわせないはずです。世界との交通が比較的開けていたインドは、やすやすとヨーロッパの欲望の餌食《えじき》にされました。インカ帝国とモンテスマの平和な国が、世界からどんな目にあわされたか、おわかりでしょう。私どもの鎖国が非難されていますが、もし門を開けたなら、大勢のクライヴとコルテスが、勝手に押し寄せてくるでしょう。凶器を持った強盗どもは、戸締まり厳重な家に押し入ろうとしたときには同じ非難をするに違いありません。〉

米国に留学した経験から、欧米の帝国主義に対する強い警戒感を内村が持つようになったことが反映されている。同時に、内村は開国が必然的であったことを認識している。そして、東洋の国でいち早く近代化に成功した日本には特別の歴史的使命があると考える。〈一八六八年の日本の維新革命は、二つの明らかに異なる文明を代表する二つの民族が、たがいに立派な交際に入る、世界史上の一大転機を意味するものであります。「進歩的な西洋」は無秩序な進歩を抑制され、「保守的な東洋」は安逸な眠りから覚まされたときであったと思います。そのときから、もはや西洋人も東洋人もなく、同じ人道と正義のもとに存在する人間になりました。／日本が目覚める前には、世界の一部には、たがいに背を向けあっている地域がありました。それが、日本により、日本をとおして、両者が顔を向かい合わせるようになりました。ヨーロッパとアジアとの好ましい関係をつくりだすことは、日本の使命であります。今日の日本は、その課せられた仕事に努めているところで

す。〉

日本が欧米によって植民地化されず、東洋と西洋を繋ぐ特別な役割を演じる力を持つことができたのは、明治維新を行った人々、とりわけ西郷の思想と人間性が優れていたからと内村は考える。

〈「敬天愛人」の言葉が西郷の人生観をよく要約しています。それはまさに知の最高極致であり、反対の無知は自己愛であります。西郷が「天」をどのようなものとして把握していたか、それを「力」とみたか「人格」とみたか、日ごろの実践は別として「天」をどういうふうに崇拝したか、いずれも確認するすべはありません。しかし西郷が、「天」は全能であり、不変であり、きわめて慈悲深い存在であり、「天」の法は、だれもの守るべき、堅固にしてきわめて恵みゆたかなものとして理解していたことは、その言動により十分知ることができます。「天」とその法に関する西郷の言明は、すでにいくつか触れてきました。西郷の文章はそれに充ちているので、改めておおく付け足す必要はないでしょう。／「天はあらゆる人を同一に愛する。ゆえに我々も自分を愛するように人を愛さなければならない」／西郷のこの言葉は「律法」と預言者の思想の集約であります。〉

西郷の「天」という意識がキリスト教の神に繋がると内村はみなしている。

さらに西郷の命懸けの姿勢も殉教を恐れないキリスト教徒に似ていると内村は考えている。

〈西郷は、責任のある地位につき、なにかの行動を申し出るときには「わが命を捧げる」ということを何度も語りました。完全な自己否定が西郷の勇気の秘密であったことは、次の注目すべき言葉から明らかです。／「命も要らず、名も要らず、位も要らず、金も要らず、という人こそもっとも扱いにくい人である。だが、このような人こそ、人生の困難を共にすることのできる人物である。またこのような人こそ、国家に偉大な貢献をすることのできる人物である」／「天」と、その法と、その機会とを信じた西郷は、また自己自身をも信じる人でありました。「天」を信じることは、常に自己自身を信じることをも意味するからです。〉

このような西郷の価値観を体得することが日本が生き残っていく上で重要だと内村は信じている。

内村はプロテスタントのキリスト教徒であるが、日本の宗教者では日蓮をもっとも高く評価する。

〈ルターにとってキリスト教の聖書が尊いのと同じように、法華経は日蓮にとり尊いものでした。／「我が奉ずる経のために死ぬことができるなら、命は惜しくない」／とは日蓮が度重なる危機に直面した折に口をついて出た言葉でした。ある意味では私どものルターと同じく、日蓮も聖典崇拝者であったのかもしれません。聖書はたしかに、あらゆる偶像や権力にまさって尊い崇拝対象であります。一書のために死をいとわない人は、多くのい

わゆる英雄にまさる尊い英雄であります。〉

日蓮の法華経に対する姿勢を内村はプロテスタンティズムの「聖書のみ」という原理の仏教版と見ている。日蓮は偉大な宗教改革者なのだ。

〈日蓮を非難する現代のキリスト教徒に、自分の聖書がほこりにまみれていないかどうか、調べてもらいましょう。たとえ聖書の言葉が毎日口にされ、それからじかに霊感を与えられているとしても、自分の派遣された人々の間に聖書が受容されるために、一五年間にもおよぶ剣難や流罪に堪えうるでしょうか。聖書のために、身命をも懸けることができるでしょうか。このことを自分に尋ねてみてほしいのであります。聖書は、他のいかなる書物にもまして、人類の改善に役立ってまいりました。それを所持している人たちが、日蓮を石で打つなど、決してあってはならないことであります。〉

日蓮について研究せずに非難するキリスト教徒の姿勢を内村はこのように厳しく批判する。

二つのJ

内村にとって重要な価値は、Jesus（イエス）とJapan（日本）という「二つのJ」だ。だから日本を国難から救う目的で書かれた『立正安国論』を高く評価する。さらに仏教を日本に土着化させたという点でも内村は日蓮を賞賛する。

〈私ども日本人のなかで、日蓮ほどの独立人を考えることはできません。実に日蓮が、その創造性と独立心とによって、仏教を日本の宗教にしたのであります。他の宗派が、いずれも起源をインド、中国、朝鮮の人にもつのに対して、日蓮宗のみ、純粋に日本人に有するのであります。〉

さらに日蓮は、世界的視座で仏教の未来を展望した。特に重要なのは仏教が日本からインドに向かっていくという仏法西還だ。

〈日蓮の大望は、同時代の世界全体を視野に収めていました。仏教は、それまでインドから日本へと東に向かって進んできたが、日蓮以後は改良されて、日本からインドへ、西に向かって進むと日蓮は語っています。これでわかるように、受け身で受容的な日本人にあって、日蓮は例外的な存在でありました。——むろん、日蓮は、自分自身の意志を有していましたから、あまり扱いやすい人間ではありません。しかし、そういう人物にしてはじめて国家のバックボーンになるのです。これに反して、愛想よさ、柔順、受容力、依頼上手とかいわれるものは、たいてい国の恥にしかなりません。改宗業者たちが、母国への報告に「改宗者」数の水増しをするためにだけ役立つものであります。／闘争好きを除いた日蓮、これが私どもの理想とする宗教者であります。〉

筆者は、内村の日蓮観に共感を覚える。しかし、そのような日蓮を理解する人は日本のキリスト教徒の中では少数派だ。

第2部

生きる知恵が身につく本

学年ビリのギャルが1年で偏差値を40上げて慶應大学に現役合格した話

坪田信貴◉著

ビリギャルが受験に成功した三条件

本書から「ビリギャル」という新語が生まれた。ビリギャルのさやか役を有村架純氏が演じる映画も話題になっている。偏差値30台の高校二年生を、夏休みから指導して、約一年半で慶應大学に合格させたことが奇跡のように受け止められているが、生徒の資質を見極め、塾教師が適切な指導を行なえば、決して不可能なことではない。

筆者自身にも似た経験がある。具体的には、数年前、二十五歳のフリーターの青年を約七カ月指導して、同志社大学の神学部、法学部、文化情報学部、社会学部に合格させた経験がある。いずれの学部も上位十%以内で合格し、第一志望だった神学部に進学した。都立高校に入ったが、馴染めずに中退し、通信制高校を卒業した後、私大に進学したが、すぐに退学した。その後、フリーターを続けていたが、社会的問題意識が強く、筆者の講演会にもよく顔を出すので親しくなった。筆者が、その青年に「問題意識を先行させるだけで、基礎学力がないと、空回りを続けるよ」と伝えると、最初は反発していたが、一年くらい経ってから「大学で哲学か神学を勉強したい」と真剣に相談してきた。筆者は、雑誌『月刊日本』の副編集長をつとめていた尾崎秀英氏（二〇一五年一月に四十歳で病死）に相談した。尾崎氏は、東京大学文学部思想文化学科（倫理学研究室）を卒業した後、予備校で英語を教えながら、編集者として活躍していた。尾崎氏の見立てでは、この青年の学力は、偏差値30台後半で、同志社に合格するためには、25～30偏差値を上げる必要があるが、戦略を正しく組めばそれは可能であるということだった。筆者と尾崎氏で相談し、まず、勉強を英語、国語、世界史に絞り込んだ。世界史にしたのは、大学に入ってから学ぶ事柄との連続性が高いからだ。国語については、古文は今から勉強しても間に合わないので、切り捨て、現代文に集中する。さらに予備校の講義を聞いているのでは、非効率なので、参考書と問題集を指定して、徹底的に記憶させるという方針を取った。英語と現代文は尾崎氏が担当し、世界史は筆者が担当した。大学入試は、世界史Bから出題される。世界史Bは、いわゆる進学校の学科だ。しかし、筆者はあえて最初の教材を実業高校で用いられる世界史Aに対応したものにした。世界史Bが事実の羅列が中心であるのに対して、世界史Aは近現代史に特化し、記述が解りやすいからだ。青年には、毎日、練習問題を解かせ、それをファックスで筆者に送るように指示し、添削して戻した。約二週間で、世界史Aの内容を完全にマスターし、一カ月半で世界史Bも修了した。模擬試験での偏差値は70台後半で、一度は80を越えた。世界史の学力では、全国の受験生のトップクラスになったということだ。英語、現代文も着実に力がついて、五カ月後には、同志社の文科系ならばどの学部でも合格する基礎学力が付いた。残りの二カ月は、過去十年の同志社の文科系全学部の英語、国語、世界史の入試問題を制限時間の三分の二で処理させ、間違えた箇所について、徹底的な復習をさせた。勉強の技法については、坪田信貴先生が「ビリギャル」に対して、取ったのとほぼ同じだ。生徒の学力がどのレベルにあるかを（本人の自己申告を鵜呑みにせずに）客観的に測って、知識の欠損を参考書と問題集によって、着実に埋めていくという手順を取る。あとは志望校の入試問題の傾向《クセ》を調べて、その対策をすることだ。

受験に成功する前提

ただし、こういう勉強法には、いくつかの前提がある。第一は、生徒本人が、集中して机に向かうことができるかどうかだ。実を言うと、これは小学校、中学校時代の習慣によって大きく左右される。坪田先生は、さやかと面接したときに、「この子には机に集中して向かうことができる資質がある」という判断をしている。まず客観的条件だ。さやかは私立大学に付属する中高一貫制学校に通っている。ということは、中学校受験をしている。

真面目に勉強する習慣のない児童は中学入試に合格しない。さやかも小学校での成績はトップクラスだったはずだ。しかし、中学生になると同級生はいずれも受験で選抜された生徒ばかりだから、きちんと勉強をしないと、すぐにクラスで中以下になってしまう。成績で目立たないならば、ギャルになって注目を浴びたいというのは、中高校生の女子の心理として十分理解できる。ちなみに進学校に入って、トップクラスの成績が維持できないので「ゲームの世界ではトップになる」という動機が無意識のうちに働きゲーム依存症になってしまう生徒も珍しくない。勉強は、自分との闘いであるはずだが、過度な競争にさらされている十代の生徒たちには、そのことがわからず、成績が少し落ちると、優等生型の生徒ほどやる気をなくしてしまい、勉強以外にエネルギーを傾注するようになる。そうして、ひねくれてしまった生徒は、塾の教師がいかに熱心に指導しても、成績が向上することはない。坪田先生は、〈最初に僕がいつもするように「じゃあ、よろしくお願いします」と深々と挨拶をすると、その子もぺこりと頭を下げ、「よろしくお願いします」と挨拶を返してきたからです。／それで、塾での指導経験が長い僕にはすぐわかりました。／「あ、この子、見た目はドギツイけど、根はめちゃくちゃいい子だな」〉と記している。さやかが意固地になるタイプではなく、健全なコミュニケーション能力を維持していると坪田先生は瞬時に判断したのである。

受験産業ノンフィクション

本書では、強調されていないが、この勉強法が可能になる第二の重要な条件は、生徒の家庭の経済力だ。塾は慈善事業ではない。教育産業として、受験のノウハウを教える対価としてカネを取る。坪田先生は、〈彼女が高校3年生に上がろうとする頃のことでした。／そこで、僕は、無制限コースという、日曜を除けば塾へ毎日来られる学習コースを、さやかちゃんに勧めます。ただ、それには当時の塾に、百数十万円というまとまったお金を前払いしてもらう必要がありました。〉と記す。さやかは、私立高校に通っているので、年の授業料、施設整備費等で少なく見積もっても年に五十万円はかかる。それに加え百数十万円、合計で二百万円以上の教育費が必要になる。ああちゃん（さやかの母親）は、郵便局の定期預金、自分の生命保険を解約し、塾の授業料を工面する。この観点から見れば、本書は、新自由主義時代の受験産業の実態を描いたノンフィクションでもある。経済力のある家庭の子弟ならば、一旦、落ちこぼれてしまっても、そこから這い上がる適切な教育を受けることができるのである。

この勉強法の第三の条件は、さやかが睡眠時間を確保する、単位不足で高校卒業ができなくなる事態を防ぐために、親がモンスター・ペアレントになる覚悟をしたことだ。坪田先生は、学校のカリキュラムは一切無視し、慶應大学に合格するという目的に沿った学習指導をさやかに対して行っている。塾の課題を消化するのに、毎日、数時間、勉強しなくてはならない。従って、睡眠不足になる。その分は、学校で寝ることによって、補わなくてはならない。さやかがタバコを所持していることが露見したときのああちゃんとのエピソードが興味深い。〈「お前が今日、呼び出されたのも、友達がお前を売ったからだぞ」と先生は切り出したそうです。「だからお前も、誰と一緒にいたかを言え。それを言えば、退学を免除してやる」／それでも、友達の名前を言わなかったさやかちゃんのことを、ああちゃんは「さやちゃん、エラいね」とほめたと言います。／そして学校に呼び出された際には、／「自分が助かるために友達を売れ、というのが、この学校の教育方針なんですか？　本当にそれが良い教育だとお思いなんですか？　でしたらもう退学でけっこうです。でも私は娘を誇りに思います」（中略）結果、なぜかさやかちゃんは無期停学で収まります。〉。高校としては、この母親は厄介で、さやかを退学にしたら訴訟でも起こしかねないと考え、事なかれ主義から無期停学にしたのであろう。こういう生徒には、一日も早く学校を去って欲しいので、トラブルさえ起こさないならば、学校で寝ていようとも、単位を与え、卒業させるという方針を高校は取ったのだと思う。

受験勉強術として、坪田先生の指導は見事で、それを遂行したさやかも立派だ。また、娘の学習環境を整えたああちゃんもしっかりしている。ただし、この勉強法は深刻な問題をはらんでいる。受験科目以外の知識が小学生の水準である大学生が、高等教育の内容をきちんと消化できるかという懸念が残るからだ。特に数学力が極端に欠けていると、論理的思考に支障を来す可能性が高い。大学には、入学を認めた学生に高校レベルまでの知識に欠損がある場合には、それをチェックし、埋める責任がある。この責任を大学が果たさないと、受験テクニックだけに長け、国際的に通用する学力を持たない学生を生みだすことになりかねない。

置かれた場所で咲きなさい

渡辺和子◉著

悩みに直面しても、道は必ず開ける

カトリックの修道女でノートルダム清心学園理事長をつとめる渡辺和子氏（一九二七年生まれ）が書いた『置かれた場所で咲きなさい』は、百九十万部を突破した大ベストセラーだ。宗教書や人生指南書の枠組みに収まらない傑出したエッセイだ。善き日本人で、善きキリスト教徒で、善き女性で、善き教育者であるという要素が渡辺和子という人格にそのまま体現されている。それだから、男女、世代を問わずにこの本が広く受け入れられているのであろう。渡辺氏は、二十九歳のときにナミュール・ノートルダム修道女会に入り、修道女になった。そして、三十六歳という異例の若さでノートルダム清心女子大学（岡山県）の学長に就任した。そのとき、ある宣教師から渡された詩が本書のタイトルになって

いる。〈Bloom where God has planted you.（神が植えたところで咲きなさい）／「咲くということは、仕方がないと諦めるのではなく、笑顔で生き、周囲の人々も幸せにすることなのです」と続いた詩は、「置かれたところこそが、今のあなたの居場所なのです」と告げるものでした。／置かれたところで自分らしく生きていれば、必ず「見守っていてくださる方がいる」という安心感が、波立つ心を鎮めてくれるのです。〉

ここで〈「見守っていてくださる方がいる」という安心感〉とさりげなく記しているが、渡辺氏は見守ることの辛さを体験している。それは、九歳の時、渡辺氏は父が目の前で殺される過程を見守った経験があるからだ。和子氏の父・渡辺錠太郎は、愛知県のタバコ製造販売業者の子に生まれた。軍隊で幅をきかせていた薩長土肥出身者ではない。家庭が貧しかったために、小学校を中退せざるを得なかった。陸軍に入ったのも、看護卒になりたかったからだという。当時の制度では、准士官の上等看護長になると医師開業免状を与えられたので、貧困家庭から医師になるためには、看護卒になるのが現実的な選択肢だった。入隊後、錠太郎は成績が優秀なので、中隊長から陸軍士官学校の受験を勧められ、合格した。その後陸軍大学校に進み、一九〇三年に首席で卒業した。

父の最期の情景

父の思い出について渡辺氏はこう記す。〈父が一九三六年二月二十六日に六十二歳で亡くなった時に、私は九歳でした。その後、母は一九七〇年に八十七歳で天寿を全うし、姉と二人の兄も、それぞれ天国へ旅立ちまして、末っ子の私だけが残されています。事件当日は、父と床を並べて寝《やす》んでおりました。七十年以上経った今も、雪が縁側の高さまで積もった朝のこと、トラックで乗りつけて来た兵士たちの怒号、銃声、その中で死んでいった父の最期の情景は、私の目と耳にやきついています。／私は、父が陸軍中将として旭川第七師団の師団長だった間に生まれました。九歳までしかともに過ごしていない私に、父の思い出はわずかしかありません。ただし、遅がけに生まれた私を、「この娘とは長く一緒にいられないから」といって、可愛がってくれ、それは兄二人がひがむほどでした。〉

渡辺氏に、「軍隊は強くてもいいが、戦争だけはしてはいけない」という父の考えが強い影響を与えている。〈外国駐在武官として度々外国で生活した父は、語学も堪能だったと思われます。第一次大戦後、ドイツ、オランダ等にも駐在して、身をもって経験したこと、それは、「勝っても負けても戦争は国を疲弊させるだけ、したがって、軍隊は強くてもいいが、戦争だけはしてはいけない」ということでした。／「おれが邪魔なんだよ」と、母に洩らしていたという父は、戦争にひた走ろうとする人々にとってのブレーキであり、その人たちの手によって、いつかは葬られることも覚悟していたと思われます。その証拠に、二月二十六日の早朝、銃声を聞いた時、父はいち早く枕許の押し入れからピストルを取り出して、応戦の構えを取りました。〉

父の最期の瞬間について渡辺氏は、〈死の間際に父がしてくれたこと、それは銃弾の飛び交う中、傍で寝ていた私を、壁に立てかけてあった座卓の陰に隠してくれたことでした。かくて父は、生前可愛がった娘の目の前一メートルのところで、娘に見守られて死んだことになります。昭和の大クーデター、二・二六事件の朝のことでした。／「師団長に孫が生まれるのは珍しくないが、子どもが生まれるのは珍しい」このような言葉に、母の心には私を産むためらいがあったとは、私が成長した時、姉が話してくれたことでした。そしてその時、「何の恥ずかしいことがあるものか、産んでおけ」といった父の言葉で、私は生まれたのだとも話してくれました。〉

渡辺氏が修道女となったのもこの原体験が強い影響を与えていると思う。イエス・キリストは、神の子でありながら十字架にかけられて死んだ。その様子を神は、見守っていた。神は沈黙していたが、イエスを見捨てたわけではなかった。イエスは他の人々の罪を身代わりになって引き受けたのである。イエス・キリストの犠牲の死が、九歳の時に渡辺氏の目の前で、独り善がりの正義を振りかざした青年将校たちによって殺された父の姿と二重写しになったのだと思う。イエスは、十字架につけられたとき、「父よ、彼らをお赦しください。自分が何をしているか知らないのです。」（「ルカによる福音書」23章34節）と言ったと伝えられている。渡辺氏も、父を殺した青年将校たちに対して、同様の認識を持っているのだと思う。時代の犠牲になった父の人生から学んだ事柄を渡辺氏は、宗教と教育の世界で継承したのである。それだから、渡辺氏の助言は浮き足立っていない。現実から逃避してはならないと繰り返し強調する。渡辺氏は、〈心の悩みを軽くする術があるのなら、私が教えてほしいくらいです。人が生きていくということは、さまざまな悩みを抱えるということ。悩みのない人生などあり得ないし、思うがままにならないのは当たり前のことです。もっといえば、悩むからこそ人間でいられる。それが大前提であることを知っておいてください。〉と強調する。その上で、悩みの原因について、変化させることができるものと、そうでないものがあることを冷静に認識することの重要性を説く。

〈ただし悩みの中には、変えられないものと変えられるものがあります。例えばわが子が障がいを持って生まれてきた。他の子ができることも、自分の子はできない。「どうしてこの子だけが……」と思う。それは親としては胸を掻きむしられるほどのせつなさでしょう。しかし、いくら悲しんだところで、わが子の障がいがなくなるわけではない。その深い悩みは消えることはありません。この現実は変えることはできない。それでも、子どもに対する向き合い方は変えられます。／生まれてきたわが子を厄介者と思い、日々を悩みと苦しみの中で生きるか。それとも、「この子は私だったら育てられると思って、神がお預けになったのだ」と思えるか。そのとらえ方次第で、人生は大きく変わっていくでしょう。／もちろん、「受け入れる」ということは大変なことです。そこに行き着くまでには大きな葛藤があるでしょう。しかし、変えられないことをいつまでも悩んでいても仕方がありません。前に進むためには、目の前にある現実をしっかりと受け入れ、ではどうするかということに思いを馳せること。悩みを受け入れながら歩いていく。そこにこそ人間としての生き方があるのです。〉

与える方が幸である

渡辺氏にとっても、テロによって父が斃《たお》れたという現実を受け入れることは大変なことだったと思う。父を殺した青年将校たち、その背後にいた軍幹部、さらに思想家たちのことを恨んだこともあったと思う。しかし、最終的に、変えられないことをいつまでも悩んでいても仕方がないという結論に至ったのであろう。そして、イエス・キリストが述べた「受けるよりは与える方が幸である」（「使徒言行録」20章35節）という境地に至ったのだと思う。そして、渡辺氏は、他者の悩みを自分の悩みと同じように受け止め、解決に向けて努力するという生き方を続けているのである。

渡辺氏は、〈今あなたが抱えているたくさんの悩み。それらを一度整理してみてください。変えられない現実はどうしようもない。無理に変えようとすれば、心は疲れ果ててしまう。ならば、その悩みに対する心の持ちようを変えてみること。そうすることでたとえ悩みは消えなくとも、きっと生きる勇気が芽生えるはずですから。〉と助言する。悩みには、さまざまな種類のものがある。それを書き出してみるといい。そのことによって、原因を除去することによって解決できる悩みとそうでない悩みを仕分けすることができる。現実を変えられない悩みに直面しても、人知を超える力（それを神と呼ぶか仏と呼ぶか、あるいは超越性や物質と考えるかは、個人の趣味による）に虚心坦懐に耳を傾ければ、必ず道は開けるという現実を渡辺氏は本書を通じて読者に伝えている。

夢をかなえるゾウ

水野敬也◉著

通俗的思想の系譜

思想には二つの形態がある。一つは学術的思想で、もう一つは通俗的思想だ。

学術的思想については、一九七八年生まれの哲学者・千葉雅也氏が『勉強の哲学――来たるべきバカのために』の中で述べている「深い勉強」が必要となる。

〈深くは勉強しないというのは、周りに合わせて動く生き方です。／状況にうまく「乗れる」、つまり、ノリのいい生き方です。／それは、周りに対して共感的な生き方であるとも言える。／逆に、「深く」勉強することは、流れのなかで立ち止まることであり、それは言ってみれば、「ノリが悪くなる」ことなのです。〉

一昔前の表現に言い換えると「知識人《インテリ》になると周囲から浮き上がる」ということだ。確かにその通りだと思う。さらに千葉氏は、勉強する上でもっとも重要なのは言語の使い方であると強調する。

〈言語は、現実から切り離された可能性の世界を展開できるのです。その力を意識する。／わざとらしく言語に関わる。要するに、言葉遊び的になる。／このことを僕は、「言語偏重」になる、と言い表したい。自分のあり方が、言語それ自体の次元に偏っていて、言語が行為を上回っている人になるということです。それは言い換えれば、言葉遊び的な態度で言語に関わるという意識をつねにもつことなのです。〉

千葉氏のこの指摘にも筆者は全面的に賛成だ。

このような学術的思想に対して、蓄財、出世、名声などの世俗的価値を実現することを目的にした通俗的思想がある。江戸末期に勤勉と努力を説いた二宮尊徳や、商業利潤の正当性を説いた石田梅岩などがその典型例だ。単行本が二〇〇七年、文庫本が一一年に上梓され、累計で三百万部を超える自己啓発書『夢をかなえるゾウ』も、この系譜に連なる通俗的思想だ。この種の思想は、言葉遊び的な態度を嫌い、実践を説く。主人公は子どもの頃、建築家になる夢をもっていたが、現在はそれとは関係のない有名企業につとめている。自分を変えようと思ってインドに行ったときにヒンドゥー教の神々の一つ、ガネーシャの像を買った。肥満し、腹の出た人間の身体に、片方の牙が折れた象の頭を持った神だ。ガネーシャに商売繁盛、学問成就を願うと効果があるという。ある夜、有名人のパーティーで深酒をして帰宅した主人公は、朦朧とした意識の中でガネーシャの像に自分を変えたいと願をかける。すると翌朝、ガネーシャが現れ、主人公のアパートに住み着く。このガネーシャによる「靴をみがく」「コンビニでお釣りを募金する」などといった課題を消化していくことで主人公は自分を変え、幸福になることができるだろうか。この過程を読者と共に進んでいく。最後にガネーシャが消えていくところでは、読者も主人公と共に「まだ行かないでくれ」と頼みたくなる。構成も優れているし、ガネーシャは関西弁で話すなど文体も凝っている。ただし、最も重要なのは、通俗的思想の特徴であるが、言葉よりも実践を強調することだ。

「それは偉大な一歩です」

〈「あなたは、これまでの『ガネーシャの教え』を実行に移したでしょうか?」／もしかしたら、課題を実行せずに、ここまで一気に読んでしまった人もいるかもしれません。／もちろん、本の読み方は、あなたの自由です。／しかし、ここでもう一度、ガネーシャの言葉を思い出していただきたいのです。／ガネーシャは、こう言いました。／「自分の教えなど過去の成功書に書いてある」／人間の長い歴史において、どうすれば人が成功するか、そのことはもう解明されているのです。／それでも世の中にはいまだ成功法則書が溢れ、それを読んだ人に「成功するのではないか」という期待を与え続けています。／しかし、そうした人たちのほとんどが成功していくことはありません。／なぜでしょう?／それは、／何もしないからです。／実行に移さないからです。／経験に向かわないからです。／もし、あなたが何かを実行に移すのなら、昨日までとは違う何かを今日行うのなら、仮にその方法がまちがっていたとしても、それは偉大な一歩です。〉

もっとも本書に書かれている課題をすべて実践することは不可能だ。高額な参加費を取る自己啓発セミナーの主宰者が、「私の教えが間違っているのではなく、それを実行しないあなたが問題だ」と言い逃れるのと同じ「逃げ」が本書でも打たれている。

「不幸」が必要だ

さらに実際に遭遇することを誰もが忌避する、次のような処方箋も提示されている。

〈「まあ本来変わるっちゅうのはそういう地味な作業の積み重ねなんやけどな。いうても時間ないし、もうそろそろ自分が『劇的に変わる方法』教えとこかな思て」／「劇的に変わる方法！」／僕はガネーシャと出会ったばかりのころを思い出した。／手っ取り早く変わる方法を教わろうとしては、たしなめられていたっけ。／でも、ガネーシャは最後の最後にすごい方法をとっておいてくれたのかもしれない！／僕は裏返りそうな声で、興奮して言った。／「教えてください。その、僕が劇的に変われるという方法を！」／「しゃあないな、教えたるか」／そしてガネーシャは含みのある表情を浮かべて言った。ガネーシャの口から飛び出したのは意外な言葉だった。／「それはな……不幸やねん」／「ふ、不幸？」／「せや、不幸や。人間が変わるにはな、もうでっかい不幸が必要やねん。悩んだり、苦しんだり、もう死んでまおかなて思うくらいのでっかい不幸や。そういう時、人はやっと、それまでのやり方を変えんねん。人間なんてほっといたら楽な方、楽な方へ流れてまう生き物やからな」／ガネーシャの話を聞いて僕は言葉を失ってしまった。〉

このガネーシャの教えは正しい。筆者も鈴木宗男事件に連座し、メディアバッシングに遭い、東京地方検察庁特別捜査部に逮捕され、東京拘置所の独房に五百十二日間勾留されることがなかったならば、普通の官僚として六十三歳まで外務省に勤務したであろう。筆者自身はインドア派なので、独房でゆっくり本を読み、考えることができた自分の境遇を不幸だとは思わなかった。しかし、世の中で筆者のような体験をしたいと思う人はまずいないと思う。獄中で読書と思索のための時間を十分に得ることができたから、筆者は職業作家になることができた。劇的に変わるためには、特捜検察に逮捕されるくらいの「不幸」が必要だ。

さらに人間の自尊心を刺激することが効果的だというガネーシャの教えも、過去に筆者が観察した永田町（政界）や霞が関（官界）の生態に照らして正しいと思う。

〈「ええか？　ほんなら聞くけど、人はどんな人のところに集まると思う？」／「どんな人って……そりゃ好きな人のところでしょう」／「じゃあどういう人を好きになんねん」／「そりゃ、人それぞれでしょう。好みがありますから」／「ちゃうな。今からめっちゃ重要なこと言うから覚えとくんやで。ええか？　人は、自分の自尊心を満たしてくれる人のところに集まるんや」／「自尊心を満たしてくれる人……」／「そうや。その人のそばにおったら、自尊心が高まる、プライドが満たせる、そういう人のそばに人は集まるんや」／「へ、へえ……」／「たとえばお金持ちや成功した人、有名人の周囲に人が集まるのも同じやで。そういう人と一緒におるとプライドが満たされるやろ」／「言われてみると、そうかもしれませんね」／「また逆を言うたら、人の自尊心が満たせて、人から応援されて、押し上げられるようなやつが成功してくんや。だってそうやろ？　周囲から嫌われて足引っ張られまくっとるやつが成功するわけないやん。たまたま何かの拍子でうまいことといっても最終的には足引っ張られて蹴落とされるやん。人間のそういうネガティブな感情はほんま怖いんやで」／「確かに一瞬成功をつかんでもダメになってしまう人は多いですね」／「せやろ。それはな、応援されてないからや。その人を守ろう、いう人が周囲にたくさんおったらそういうことにはならへんのや。そのこと分かってたら、『人の自尊心を満たす』ちゅうことがいかに大事か分かるやろ」〉

要は、上手にごますりをしろということだが、通俗的思想の強さは、こういうことを、恥じらいなく語ることができるところにある。

筆者が本書でもっとも効果が上がると考える自己改造術は、以下の箇所だ。

〈会社から帰ってきた僕は、いつもならまず入れるはずのテレビの電源を入れなかった。

ついでにノートパソコンを立ち上げるのもやめた。インターネットをはじめると、メールが来ていないか、何分かおきについチェックしてしまうし、更新されてもいないサイトを確認してしまう。／するとぽっかりと時間が空いた。ふだんはテレビやネットで過ごしていた時間をどう使おうか考えてみることにした。／僕は久しぶりに本を読んだ。〉

読書によって知識を得て、さまざまな代理経験を重ねることで人間は成長していくと筆者は信じている。

伝える力

池上彰◉著

激動する時代の教養ブームの火付け役

この十年くらい、社会人の間で教養ブームが起きている。その背景には、国際的規模で、政治、経済、技術が大きく変動する中で、日本人が生き残るためには、文科系、理科系に通底するリベラルアーツ（教養）が不可欠との認識がある。この教養ブームに火を付けた一人がジャーナリスト、作家、大学教授など多彩な活動をする池上彰氏（一九五〇年生まれ）だ。

池上氏はNHK記者時代、一九九四年から退職する二〇〇五年まで「週刊こどもニュース」（NHK総合テレビジョン）の「お父さん」役をつとめた。このときに、子どもの視座からニュースを伝える仕事を通じ、教養を伝達する力を磨いた。池上氏の表現法、コミユニケーション技術について記した『伝える力』(二〇〇七年)は、二百万部を超えるベストセラーで、現在も売れ続けている。常識のようで、実際は正確に知られていない事柄について、わかりやすく説明する。

〈たとえば、日々のニュースではしばしば登場する「逮捕」という言葉。その令状である逮捕状は誰が出すかご存じでしょうか?/多くの大人は警察だと思っています。/でも、それは間違い。正しくは裁判官です。/このことは、暗記するだけでは「わかった」ことにはなりません。なぜ裁判官なのかまで突き詰めて考えてみましょう。/警察が自由に逮捕状を発行できるようになったら、それこそ警察国家になってしまいます。国民の人権を守ることができ、法律に詳しく、第三者の目で客観的に判断することができるのは誰かと考えていくと、適任は裁判官に行き着きます。/物事をここまで掘り下げて理解したとき、初めて「わかった」といえるでしょう。/「週刊こどもニュース」を制作してみて、「警察庁」と「警視庁」、そして「検察庁」の違いも、理解していない人が多いと実感しました。/番組あてに「警察庁と警視庁は、どう違うのですか?」という質問が寄せられたため、模型を使って、両者の違いを説明したことがありました。/すると、番組を見た大人の視聴者から「検察庁と警視庁の違いがよくわかりました」という反応があって、ガッカリしたこともあります。/ちなみに、警察庁は「全国の警察本部をとりまとめている国の役所」で、警視庁はいわば「東京都の警察本部」のことです。警察庁のトップは警察庁長官で、警視庁のトップは警視総監。そして、検察庁には検察官がいて、警察が捜査した内容をチェックして裁判に起訴したり、独自に捜査したりする機関です。〉
客観的な解説であるが、よく読むと警察権力の暴走を警戒する池上氏の価値観が滲み出ている。

踏み込んだ見解も表明

池上氏に対して「物事を客観的に解説するにとどめ、自分の見解を表明しない。逃げている」という批判があるが、これは間違いだ。池上氏自身が、多様な見解を紹介するのが自分の機能であると述べていることを、読者や視聴者は素直に受け止めすぎている。池上氏は、激しい物言いを避けているだけで、かなり角の立つ見解を表明する論壇人だ。例えば、村上世彰氏に対する評価だ。

〈「証券取引市場のプロ中のプロを自任する私が、万一でも法を犯していいのか。プロ中のプロとして認識が甘かった」／村上さんは、証券取引法違反（インサイダー取引）をした容疑で逮捕される数時間前、記者会見の席でこう言い放ちました。二〇〇六年六月のことです。／（中略）村上さんの発言からは、世論操作の意図を感じてしまったのです。自分一人を悪者にして、好感度を高めよう、同情を集めようとしている印象を受けました。／自分一人だけが悪者になれば、部下を守ることができ、ひいては村上ファンドを存続させられる。／彼が「悪いのは自分」と言った背景には、そうしたしたたかな計算もあったでしょう。／また、検察から「あなた、（インサイダー情報を）聞いちゃったんでしょ」と問われて、「聞いちゃったんですよね」と答えたのは、犯意はなかったことを強調したかったからでしょう。／「悪いといえば、それは形式的には悪いことでしょうから、お縄は甘んじて受けます。でも、自分はそんなに悪いことをしたつもりはありませんよ」と。／要は、こう言っているのですね。／彼の〝世論操作〟は、途中までは成功しているかに見えました。／でも、計算した言動をとっている、本心から反省しているわけではない、ということが見えてしまったため、失敗したのです。／ですから、会見が続いているうちに、思わず「皆さんがぼくのことがすごい嫌いになったのは、むちゃくちゃ儲けたからですよ。二〇〇〇億（円）くらい儲けたんではないでしょうか」などという発言が口をついて出たと思うのです。／この発言で、彼の好感度は決定的に崩れ落ちました。〉

池上氏が、村上氏に対して厳しい評価をしたのは、発話主体の誠実性に疑念を覚えたからだ。さらに興味深いのは、発話主体の不誠実性に対して大衆は理屈よりも、感情で反応するという見方を示していることだ。

〈日本にはいわば「けしからん罪」が存在しています。／それは、法律には違反していないけれど、何かけしからんよね、という多くの人たちの気持ちであり、感覚、空気です。／村上さんは「むちゃくちゃ儲けましたよ」と言ったことで、この「けしからん罪」に該当してしまった。さらにいえば、その中の「濡れ手に粟罪」です。「濡れ手に粟でボロもうけしていて、けしからん」というわけです。／これは理屈ではなく、庶民感情です。／たとえ法律に違反していなくても、なんとなくけしからんと思った行為や人は糾弾されてしまう。そうした風潮が日本にはあります。〉

確かに「けしからん罪」や「濡れ手に粟罪」が日本には存在する。もっともこれは文化拘束性なので、弱肉強食を是とする米国では、「むちゃくちゃ儲けましたよ」と言っても、それが事実ならば称賛される。もし、米国に「濡れ手に粟罪」があったならば、トランプ氏が大統領に当選することはなかったであろう。

〝他者の眼〟を自分で持つ

本書は、表現の技法について伝授する作品としても優れている。まず、編集の重要性を指摘する。

〈ライターや記者は、経験と実績を積んでいくと、何を採り、何を捨てるか、だんだんわかってくるようになってきます。それでも、「これも書きたい、あれも書きたい」という気持ちはなかなか捨て去りきれないものです。／そういうときはやはり、編集者などの他者に見てもらい、意見を聞くのがいちばんです。／その結果、「ここは要らないんじゃないか」と言われることもあります。しかし、書いた当人は「そここそ伝えたいことだ」と思い、反論します。「見せなければよかった」と思うかも知れません。／この場合、では見てもらったことはマイナスだったのでしょうか。そんなことはありません。このやりとりの結果、よりよい方向へ向かうことが多いからです。〉

よい文章を書くためには、他者の眼が不可欠なのである。他者の眼を自分で持つようにする技法についても池上氏は披露する。メールをプリントアウトしてチェックすることだ。〈皆さんはメールを送るとき、書いた後、見直しをしてから送っているでしょうか？／親しい友人に送る場合は、思うままに書き連ね、そのまま送信しても構わないかも知れません。／でも、取引先や顧客に送る場合は、それは危険です。／社内での企画書や上司に提出する報告書の場合も、少なくとも一回は見直すべきでしょう。／見直すことの効果については、多くの人が認識していることと思います。それは、書いているときには気がつかなかった多くのことに気がつくからです。「誤字や脱字に気がつく」／「表現の不適切さ、幼稚さ、難解さに気がつく」／「論理展開が未熟なことに気がつく」／などなど、実に多くのことに、見直すことで気づきます。〉

プリントアウトすることで、テキストが対象化される。書籍や雑誌でも、入力したデータで直ちに本を作ることはしない。かならずゲラ（試し刷り）を出して著者と編集者がダブルチェックする。こうして他者の眼で原稿を精査することで質のよいテキストに仕上げるのだ。

池上氏は、パワーポイントの落とし穴について的確に指摘する。

〈ここ数年、ビジネスの場でも図解がもてはやされています。とりわけパソコンソフトのパワーポイントはよく使われるようになっています。／パワーポイントは確かに便利ですが、最近では、パワーポイントを作ること自体が目的になっている人が多いように思います。／膨大な時間をかけて、パワーポイントでプレゼンテーションの資料を作り、膨大な時間をかけて、パワーポイントの資料を見せられる。／見せるほうも見せられるほうも、大いなる無駄です。壮大な時間の浪費です。〉

パワーポイントは、内容を理解するための手段である。情報発信者はパワーポイントを作ることで伝えたつもりになり、情報の受け手は、それを見ることでわかったつもりになってしまう。確かにパワーポイントにはその危険がある。

大河の一滴

五木寛之◉著

手の温もりには言葉以上に伝える力がある

新型コロナウイルスの感染拡大を防ぐための一度目の緊急事態宣言を国は二〇二〇年五月二十五日に全国的に解除した。さらに六月十八日、安倍晋三首相は会見で都道府県の境を越えた移動に対する自粛要請を全面的に解除すると表明した。しかし、人々の生活がコロナ禍以前の状況に戻ることはないと思う。

〈新型コロナウイルスの感染を広げないため、国が示した「新しい生活様式」には、こと細かに具体例が示されている。だが先が見えぬ状況の中、「どこまで守ればいいのか」「すべて実践するのは大変」と感じる場面も多い。（略）／公共交通機関での会話は控えめに▽狭い部屋での長居は無用▽店での買いものは素早く――。（略）感染防止は必要だが、どこまで厳しく実践すべきなのかわかりにくい。／それは現状が「ダブルバインド」（二重拘束）に近い状態だからだと、行動経済学が専門の東北学院大の佐々木周作准教授は指摘する。（略）緊急事態宣言中はできるだけ家にいるよう求められてきたのが、今はリスクを抑えつつ経済活動も再開するよう求められており、正反対に思える要請に心の整理がついていない人が多いという。〉（「朝日新聞」二〇二〇年六月二十三日）

二重拘束の状況

二重拘束の状況では、人間の心理に過重な負担がかかる。その結果、誰もが程度の差はあれ心理的、身体的な疲れを覚える。こういう時は自分の内面を見つめることが重要だ。『大河の一滴』は、五木寛之氏が人間の魂について掘り下げて考察した傑作だ。五木氏は、自らの宗教性を自覚せよと訴える。

〈目に見えない超現実の世界を想像することは、すでに宗教の根に無意識に触れていることだ。地獄を空想し、「この世の地獄だ」と感じたりするとき、じつは人はすでに宗教の世界に足を踏み入れていると言っていい。／私たち日本人のほとんどは、意外に思われるかもしれないが、常に宗教と背中あわせに生きているものなのである。夕日を見てなんともいえない不思議な気持ちになったり、深い森を不気味に感じて恐れたり、アスファルトの裂け目に芽ぶく雑草に感動したり、その場その場で私たちはおのずと目に見えない世界に触れるのである。／それを精霊崇拝《アニミズム》と呼び、なにか土俗的で前近代的な思考として低くみる立場を私はとらない。神と仏とをごっちゃに拝む日本人一般の原始的な習俗を、愚かしい神仏混合《シンクレチズム》として頭から嘲笑《ちょうしょう》することも好きではない。宗教とは教義や組織によって成り立つものではない。人間の自然な感情から出発するものなのである。〉

普段、我々は無意識のうちに拝金教、出世教という宗教を信じてしまっている。そこから距離を置いて、夕日、森、雑草などの目に見えるモノを通じて、その背後にある目に見えない世界を察知する努力をすることで、我々の生き方が変わってくる。コロナ禍で、大規模な不況が襲ってくることは間違いない。仕事も思うように進まず、会社員ならばリストラ、中小企業経営者ならば倒産の危機に直面する時もある。こうなると、価値観の変更を余儀なくされる。

〈物事《ものごと》がうまくいっているときは、あまり考えないものですが、ちょっと体調が悪かったり、仕事が思うようにいかなかったり、あるいは、身近のところで人間関係のトラブルがあったりするとき、ふと立ち止まって《人間の命の価値はどこにあるのか》と考えてしまいます。／最近、痛感しているのは、人間はただ生きているというだけですごいのだ——ということです。／私は人間の価値というものを、これまでのように、その人間が人と生まれて努力をしたりがんばったりしてどれだけのことを成し遂げたか——そういう足し算、引き算をして、その人間たちに成功した人生、ほどほどの一生、あるいは失敗した駄目な生涯、というふうに、区分けをすることに疑問をもつようになりました。／人間の一生というものはそれぞれが、かけがえのない一生なのであって、それに松とか竹とか梅とかランクを付けるのはまちがっているのではないか。〉

筆者がこの文章を読んだのは、鈴木宗男事件に連座し、五百十二日間の東京拘置所独房での勾留を終えて、京浜東北線与野駅そばの母の許に身を寄せている二〇〇三年末のことだった。

近所の本屋で偶然、この本を手にとって、スターバックスでむさぼるように読んだ。それまで東京地方検察庁特別捜査部に逮捕、起訴された後、社会的に復権できた政治家や官僚はいなかった。筆者は北方領土交渉に文字通り命懸けで取り組んでいただけで、違法行為をした覚えはない。しかし、鈴木宗男バッシングの嵐が吹き、メディアスクラムが組まれ、何を言っても聞いてもらえない現実もよくわかっていた。

五木氏の〈人間の一生というものはそれぞれが、かけがえのない一生なのであって、それに松とか竹とか梅とかランクを付けるのはまちがっているのではないか。〉という言葉が筆者の琴線に触れた。

そして、自分が経験したことを文章にして、外務省で筆者を信頼して、最後までついてきてくれた若い同僚たちに残そうと思った。このとき書き始めたメモが、筆者の処女作『国家の罠』（新潮社）に繋がっていったのである。

〈励まし〉と〈慰め〉

五木氏には、苦しんでいる人の気持ちがよく分かる。恐らく、五木氏自身が、文字にすることが出来ないような苦しみに遭遇したことが何度もあるからだと思う。もっともそのような苦しみを経験すると心を頑なに閉ざしてしまう人も多い。そうならなかったのは、五木氏の仏教信仰によるところが大きいと思う。五木氏は、励ましと慰めの違いを強調する。

〈人間の傷を癒す言葉には二つあります。ひとつは《励まし》であり、ひとつは《慰め》です。／人間はまだ立ちあがれる余力と気力があるときに励まされると、ふたたびつよく立ちあがることができる。／ところが、もう立ちあがれない、自分はもう駄目だと覚悟してしまった人間には、励ましの言葉など上滑りしてゆくだけです。《がんばれ》という言葉は戦中・戦後の言葉です。私たちはこの五十年間、ずっと「がんばれ、がんばれ」と言われつづけてきた。しかし、がんばれと言われれば言われるほどつらくなる状況もある。〉

職場や学校で傷ついても、まだ立ち上がれる余力と気力がある場合がほとんどだ。その場合には、励ましは有効だ。しかし、仕事や学業、あるいは人間関係で深刻な壁に突き当たり、こんな苦しい状況が続くくらいならば、この世界から消えてしまいたいと思っている人にとって「がんばれ」という励ましは、傷に塩を塗り込むような行為になる。こういう人にとって必要とされるのが慰めだ。

〈そのときに大事なことはなにか。それは《励まし》ではなく《慰め》であり、もっといえば、慈悲の《悲》という言葉です。／《悲》はサンスクリットで《カルナー》といい、ため息、呻《うめ》き声のことです。他人の痛みが自分の痛みのように感じられるにもかかわらず、その人の痛みを自分の力でどうしても癒すことができない。その人になりかわることができない。そのことがつらくて、思わず体の底から「ああ──」という呻き声を発する。その呻き声がカルナーです。それを中国人は《悲》と訳しました。／なにも言わずに無言で涙をポロポロと流して、呻き声をあげる。なんの役に立つのかと思われそうですが、これが大きな役割を果たすような場合があるのです。〉

慰めることができるのは、肉親や配偶者、恋人だけではない。

東京拘置所から保釈されたのが二〇〇三年十月で、『国家の罠』を上梓したのが〇五年三月なので、その間の約一年半、筆者は人との接触をほとんど断っていた。例外的にロシア語通訳で、エッセイスト、小説家として活躍していた米原万里さん（一九五〇〜二〇〇六）の自宅を何度か往訪した。

五木氏は、〈孤立した悲しみや苦痛を激励で癒すことはできない。そういうときにどうするか。そばに行って無言でいるだけでもいいのではないか。その人の手に手を重ねて涙をこぼす。それだけでもいい。深いため息をつくこともそうだ。熱伝導の法則ではないけれど、手の温《ぬく》もりとともに閉ざされた悲哀や痛みが他人に伝わって拡散《かくさん》していくこともある。〉と記す。

保釈になって初めて鎌倉の米原邸を訪れたとき、万里さんは黙って筆者の手を握った。手の温もりとともに米原さんの想いが伝わってきた。しばらく沈黙した後で米原さんは「あなたの経験を本にしたらいい。職業作家になったらいいわ。応援する」と言った。この言葉が筆者の魂に深く突き刺さった。

その後、米原さんはがんと闘病することになった。見舞で米原邸を訪れた。応接間のソファで筆者は米原さんの手を十分くらい無言で握り続けた。手の温もりには言葉以上に人の気持ちを伝えることが出来る力がある。

「超」整理法

野口悠紀雄◉著

常識を打ち破った画期的整理術

経済学者の野口悠紀雄氏（一橋大学名誉教授）は、整理法のカリスマだ。学者としても高く評価されているし、そもそも地頭がいい。未知の問題に遭遇したときに、対象の内在的論理を正確につかんだ上で、適切な対処ができる。これは野口氏が若き日に大蔵官僚として鍛えられた経験が生かされているからと思う。官僚の仕事には制限時間がある。その意味では、試験に近い。与えられた時間を超えて百点満点の答案を書いても、不合格になるので意味がない。とにかく制限時間内に合格点を取るような勉強法、仕事術が官僚をしているうちに自ずから身につく。別の言い方をするならば、常に時間という制約条件を考えて仕事をするということだ。この貴重な時間を極力無駄にしないようにするというのが

野口式「超」整理法の要諦だ。

〈あなたの机の上には、整理されていない書類の山が積み上がっていないか？　別の山が、ほかの場所にもできていないか？　そのため、必要な文書や資料を探すのに貴重な時間を費やしていないか？　それでも目的物が見つからず、窮地に陥ったことはないか？　その半面で、キャビネットの中には、とっくに不要になった書類が後生大事にとってあるのではないか？／もちろん、あなたは、このままでよいとは思っていない。これは仮の姿だ。いつかきちんと整理しよう。いまは忙しいからできないだけだ……。／実際、何年も前に、あなたは書類システムの大改革をやったことがある（かもしれない）。そのときには、すべての資料や書類がきちんと分類され、整然とした体系ができ上がった。／しかし、問題は、美しい秩序が徐々に崩壊してしまったことだ。なぜこうなってしまうのか？　あなたが、怠惰で無能だからか？／そうではない。原因は、あなたが行なおうとしたこと、それ自体にある。／資料や書類を「分類しようとすること」がまちがいなのだ！〉

コペルニクス的転換

この引用は、『「超」整理法』の冒頭であるが、まさに従来の整理法からのコペルニクス的転換を促している。「分類しない限り検索はできない」という常識を捨てろと野口氏は訴えている。情報は時系列だけで整理し、一箇所にまとめるというのが要諦だ。野口氏は、明示的には述べていないが、誰もが自らの記憶力を過小評価しているという認識の上で「超」整理法を構築している。標準的な記憶力がある人が、時系列に則して「この情報はだいたいあのへんにありそうだ」というインデックス（索引）を頭の中に作れば、書類や書籍・雑誌を物理的に分類しなくても、必要なときに必要な情報を最短時間で引き出すことができると野口氏は考えている。具体的には、「野口式押出しファイリング」と名づけた封筒を活用する技法を提唱する。

〈まず、本棚に一定の区画を確保する。多分本が詰まっているだろうから、どける。そして、角型二号の封筒（三三二×二四〇ミリ。Ａ４判の書類が楽に入る封筒）を大量に用意する。それから、マジックペンなどの筆記用具。準備は、これだけである。／さて、机の上に散らばっている書類などを、ひとまとまりごとに封筒に入れる。このまとまりを、「ファイル」と呼ぶことにする。封筒裏面の右肩に日付と内容を書く。封筒を縦にして、内容のいかんにかかわらず、本棚の左端から順に並べていく。これで終わりである。〉

筆者は、モスクワの日本大使館に勤務していた一九九四年に『「超」整理法』を読んだ。そして、この方式で公電（外務省が公務で用いる電報）、調書、新聞や雑誌の切り抜き、メモなどを整理したら、整理や資料探しの時間を極少にすることができた。一九九五年四月から外務省国際情報局分析第一課に勤務してからもこの手法を踏襲した。効果があった。特に役に立ったのが、収納場所にファイリング・キャビネットを使うなという助言だ。

〈格納場所は、本棚がよい。ファイリング・キャビネットは、駄目である。私の場合、本棚を背に机を配置し、うしろを向けばすぐに手が届くようにしてある。これが一番能率的だ。個々の住宅・事務室事情や、好みにあわせて配置すればよいが、要は、座ったままで手が届くことだ。普段の作業との間に不連続性があってはならない。〉

外務省で筆者が扱った書類の約八割は、秘密もしくは極秘の指定がなされていたので、施錠できる四段のファイリング・キャビネットに保管するのが通例だった。しかし、忙しいため、ファイリング・キャビネットに書類をとりあえず突っ込んでおくと、しばらくするとそれは「ゴミ箱」になってしまう。それだから、筆者は会計係に相談して、席の後ろに延べ四メートルの施錠できる観音開きの本棚を取りつけた。野口氏が言う「座ったままで手が届く」態勢を整えた。これで仕事が円滑に進むようになった。外務省で「仕事が出来る」と評価されている同僚も、資料整理に関しては「野口式押出しファイリング」を採用していた。

職業作家になってからは、秘密書類を扱うことはないので、施錠について心配しなくてもよい。仕事場の壁面は本棚で一杯になっている。もっとも封筒は延べで二メートルもない。それは、書類についてはほとんど、スキャナーにかけて、「エバーノート」か「ドロップボックス」に保管しているからだ。封筒に入れている書類は、頻繁に参照する内容が書かれたものと、外部に漏れてはならない情報が記された書類だ。クラウドコンピューティングは、どんなに厳重な情報保全体制が取られていても、情報が盗まれる可能性が百パーセント排除されることはないからである。

ちなみにもっとも機微に触れる情報は、コンピューターにも書類にも一切残さない。頭の中で正確に記憶しておく。記憶できないような情報は、自分にとって死活的に重要なものではないと割り切っている。

野口氏は、名刺の整理についても、〈時間順方式がもっとも効率的である。つまり、保存する名刺は、氏名や所属先による分類を一切せずに、一月ごとにまとめてダブルクリップで挟んでおく。そして、数か月してから、さらに保存が必要なものを選別してコピーをとり、時間順にファイルにとじる。これによって薄くなるし、一覧性も増す。この際も、分類は一切しない。〉と述べる。筆者は名刺整理については野口式を取っていない。外交官時代、名刺はどんなものであれ、すべて保管した。時系列に名刺ケースに入れておけば、必要な名刺を取り出すことは容易にできた。もっとも当時は名刺の総数が三千程度だったのでそれが可能だった。職業作家になって、交換した名刺が一万を超えた辺りから、この方法では記憶が追いつかなくなった。幸い、エバーノートの名刺整理ソフトの能力が高く、スキャナーにかければデータベース化できるので（一部に誤読はあるが、実務上の支障はない）、重宝している。

不合理な感情

書籍の整理について、野口氏は、まず、〈本を整理する基本も、捨てることだ。本は意外に大きい。しかも、重いから、自宅に大量の本を置くと、床が抜ける。しかも、余計な本が多いと、目的の本を探し出すのに時間がかかる。／文庫本などは必要なときに買えばよいし、専門書なら図書館にいけばよい。多くの人が指摘するように、地価が高い日本では、本がスペースを占拠するコストは、馬鹿にならないほど高い。単純なコストの比較からしても、必要な都度買うほうが安い場合が多い（中略）。／したがって、辞書、辞典の類だけを常備しておいて、後は読んだら、あるいは関連の仕事が終わったら、捨ててしまえばよいのだ。〉と述べる。しかし、それに続いて本の整理に「合理的理論」は適用できないと本音を述べる。

〈本は、書類、雑誌と違って、捨てられないのだ。／一つは、本棚を探しているうちに、「こういう本もあったか」という発見をするからである（これを「ブラウジング」という）。本の場合には、長年使っていなくとも必要になる場合が多い。／さらに厄介なのは、使わなくても愛着があることだ。ここが書類や資料と決定的に違う点である。高校生のときに読んだ文学書は、もう読まないと分かっていても、捨てられない。留学時に必死に勉強した教科書も同じだ。こうした特別の理由がなくとも、一般に、本は捨てられない。いわゆる「センチメンタル・バリア」が高いのである。これは、誠に不合理な感情だから、どうしようもない。／捨てられない以上、本の整理は絶望的だ。大学の私の研究室はかなり広く、作り付けの本棚が天井まであるが、それでも満杯である。二重置きになってしまって、奥の本は見えない。〉

筆者の場合も本は捨てられない。原稿料や印税の相当部分が、本を収納する場所を確保するための不動産購入のために充てられている。これは職業作家の宿命と思い、諦めている。

ビジネスマンの父より息子への30通の手紙

キングスレイ・ウォード◉著　城山三郎◉訳

実業家の父が息子に伝えた経営帝王学

カナダの実業家キングスレイ・ウォード（一九三二〜二〇一四年）が、息子にあてた二十年間にわたる手紙をまとめた本である。『ビジネスマンの父より息子への30通の手紙』というタイトルは、本書の内容から少しずれている。ウォードは、自らが作り上げた大企業をいかにして息子に継承させるかを考え、十七歳で大学進路に悩む息子に手紙を書き始め、それは息子が後継社長になるまでの約二十年間にわたって続けられた。内容からするならば、「経営帝王学をめぐる30通の手紙」とした方が正確と思う。もっとも企業経営者になることはない人にとっても、人生で役に立つ知識、対人関係術などが満載されているので有益だ。

まず、ウォードは大学生時代の息子に制度化された教育の重要性を強調する。〈正式な学校教育の枠内では、知的好奇心をもって授業にのぞむことが大切である。知識欲があれば、学習が楽しくなる。君の仲間の学生のなかには、教師や教育制度について不平を鳴らすことに忙しく、肝心の勉強に手がまわらない者が多い。制度は私の学生時代以来三十年間変わっていないし、おそらく今後の三十年間にも大きな変化はないだろう。（ほとんどの教育者も変わらない）。だから制度に不満を言うよりも、制度を巧みにだし抜いてやるといい！〉。経営者になった場合、「型破り」の発想や行動が必要とされる。型破りとは、単なるでたらめとは異なり、型を知った上で、その枠の外に飛び出すことだ。

大学卒業後、息子は父の会社に入社する。典型的な縁故採用だ。こういう採用が競争社会の原理原則に合致するかどうかという問題について、ウォードは一切触れずに、社会人としての心構えについて記す。

〈偉大な著述家ジョン・ラスキンは十九世紀に書いた。／仕事に喜びを見出すためには、三つのことが必要である。適性がなければならない。やりすぎてはいけない。そして、達成感がなければならない。／君の受けたしっかりした教育と実業界に入りたいという気持は、当社の仕事に対する適性とみなされる。君の過去二十五年間を見てきた私は、観察の結果、君がやり過ぎることはあまり心配しない。したがって、君が仕事に喜びを見出すかどうかは、ひとえに君の個人的な達成感にかかっている。〉

「適性」「やりすぎない」「達成感」を心構えとした時点で、ウォードは、息子には他の社員とは別の帝王学を授けている。通常の新入社員は「少しやり過ぎと言われても、業績をあげろ。社会人は結果だけで評価される」と指導されるからだ。社長の息子なので、他の社員から注目されている。そのような状況で、やり過ぎて、周囲と軋轢を起こすと、息子の将来のキャリアに傷がつくことを父は恐れているのだ。

さらに学校では教えられることがない処世術についてもウォードは息子に丁寧な説明をしている。

〈友人をたやすく失う確実な方法のひとつは、金を貸して欲しいと頼まれて、それに応じることである。これは絶対にいけない。もし君が親しい友だちの窮乏を知って、援助が必要だと思ったら、自分から申し出るほうがずっといい。君が自分から支援を申し出る友人は、ふつうそれを返済して、友情を裏切らない。君に借金を頼み込む友人は見限るしかないだろう。金を借りたければ銀行へ行けばいい。これは友好関係の質を測る面白い秤ではないか、と君が感じたとしたら、その感覚は正しい。まさにそのとおり、何世紀にもわたって使われている秤である。〉

ひとかどの人物の条件

金銭の貸借が友人関係に悪影響を与えるというのは真実だ。

息子が管理職になったところで、ウォードはこんな助言をする。

〈ひとかどの人物になるための条件は何か？　第一に必要なことは、誰もが心を持っているという事実を悟ることだろう。自分で自分のなかに育てた、独特の、たったひとつしかない、ひとりひとりの心である。君がこの事実を悟り、君の心を支配するのは君自身であること、そして君の心が君に与える力の大きさを理解するとき、君は初めて、ほんとうに君自身の仕事をすることができる。こうなったとき初めて、君は常にほかの人たちを見習い、ほかの人たちと同じ行動をとり、ほかの人たちの助けを求めることをしなくなるだろう。君は基本的に、君自身を見つめるようになるだろう。君の心を育てるのは君だけなので、ほかの人たちとは違う君独特の細胞の組み合せになる。したがって、他人の精神が君のこの面での発育に及ぼす影響は限られている。フランシス・ベイコンは書いた。「人の運命を形成する鋳型は、主としてその人自身の手中にある」。人の心の形成についても同じことが言える。〉

ここで言う心とは、独自の価値を創造していくことができる人間力ということなのであろう。

いよいよ息子が後継社長に就任するにあたって、ウォードは指導力《リーダーシップ》の重要性について説く。

〈指導力といえば、多くの人がナンバー・ツーとしては立派にその任務を果たすが、そのほとんどが非常に単純な理由で、ナンバー・ツーにとどまらなければならない。ナンバー・ワンの任務に必要とされる資質に欠けるためである。自尊心にひきずられて、自分に向かない、荷の重すぎる社長の地位を引き受けたばかりに挫折する人は少なくない。／ナンバー・ワンに立つ者として有能であるためには、視野の広さが必要とされるが、これを身につける機会に恵まれる人は少ない。君も気づいていただろうが、私はこれまで君が嫌がっても、いくつかのことをさせてきた。それには目的があった。君の視野を拡げ、幅広い考え方を促して、いつか実力で社長になってもらうためだった。その日が来て、君は新しい任務についたが、どうかお願いだから（私はもう君に命令することはできない）、一緒に始めたことを続けて欲しい。世の中の動きと歩調を合わせるために、あらゆる機会を生かして続けて欲しい。もし君がそうしないなら、私たちの会社が今後も繁栄し、競争力を維持できると期待しないように。〉

本と旅がリーダーを作る

さらにこれまで父が息子に与えた教育が経営帝王学であったという種明かしをする。例えば、学生時代のみならず、会社に入ってからも息子に読書を慫慂《しょうよう》したことだ。〈卒業後は、長年試験に追われて、さんざん本を読まされたあとで、読書はもうたくさんだと思っていたのに、上役が（私が）君の本棚に何冊か並べて、読めとすすめるので、この重要な君の教育の一面は、そのまま続いてきた。ヘンリー・デイヴィッド・ソローは問いかけた。「いかに多くの人が、一冊の本を読むことによって、その生涯に新たな時代を迎えたことだろう?」〉

さらに外国旅行についても、息子を国際的に活躍することができるビジネスパーソンに育てるという目的があったことを明かす。

〈それから私たちは旅行をした。君が十二歳のころから始めた外国旅行で、私は君の興奮を楽しく見守り、外国の風俗や習慣について、君の感想を聞いたり、君の質問に答えたりした。それから二十年後に、君が外国の実業家のやり方に示す興味、君の綿密な観察や分析を見守るのは、それ以上に楽しかった。君はいつも何か新しいこと、私たち自身の効率をあげる何か新しい方法を学ぼうと、身構えていた。外国はもはや謎ではなかった。ある分野でほかの人たちのほうが私たちより優れている場合には、君はその理由を知ることと、私たちはどうすれば同じことができるか、ということに関心を示した。/旅行は常にそうであるように、人間に関する君の知識と理解を深めた。これこそ事業経営の基本である。〉

確かに少年時代の外国旅行は、子供の世界観、人生観、価値観に大きな影響を与える。私事にわたって恐縮するが、筆者は、高校一年生、十五歳のときの夏休みを丸々使ってソ連、東欧を一人旅したことがある。このときの経験で、外国に対する関心が強くなり、ヨーロッパやロシアの基盤にある哲学や宗教について深く知りたいと思うようになった。この旅行がなければ筆者が同志社大学神学部に進学することもなかったし、大学と大学院で社会主義体制下における国家と教会を研究テーマにすることもなかった。また、大学院を修了した後、外交官になることもなかったと思う。外交官にならなければ、筆者が鈴木宗男事件に連座し、東京地方検察庁特別捜査部に逮捕され、その経験を踏まえて職業作家になることもなかった。

筆者の父は、都市銀行の電気技師で、ごく平凡なサラリーパーソンであったが、息子の将来の可能性については、できるだけ幅を持たせようと思ったので、ソ連・東欧への筆者の一人旅を認めたのであろう。父の息子に対する教育の重要性を本書を読んで再認識した。

外国語上達法

千野栄一◉著

外国語習得の古典的名著

外国語学習法に関する本は、それこそ数え切れないほどある。筆者は、中学生の頃、種田輝豊『20カ国語ペラペラ』（実業之日本社）を読んで、いつか外国語を使う職業に就きたいと思った。外国語学習法に関する本をどれだけ多く読んでも、実際に外国語と格闘しなければ、語学を身につけることはできない。実は、大人になってからの外国語習得には、「定石」がある。この定石について記した国際的に定評のある外国語学習法に関する本を一冊だけあげよと言われれば、筆者は躊躇することなく、ロンブ・カトー（米原万里訳）『わたしの外国語学習法』（ちくま学芸文庫）をあげる。ロンブ・カトーは、ハンガリー人の言語学者だが、本書はロシア語からの重訳だ。作家でロシア語会議通訳の第一人者であった米原万里氏が、無名時代に本書をロシア語で読んで「是非、日本の読者に伝えたい」と思って訳したものだ。筆者は米原氏と本書の長短について論じたが、スラブ語やゲルマン語の知識が全くない人にとって、この本の実用的価値は落ちるというのが結論だった。外国語学習法は、学習者と母語を共通にする言語学者が書いたものが最も実用的であるというのが米原氏と筆者の結論だった。

その観点からすると、千野栄一『外国語上達法』（岩波新書）は、日本語を母語とする読者が外国語を習得する際の定石について記した古典的名著だ。結論を先に述べると、外国語習得のために必要とされるのは「お金と時間」、勉強法の要諦は、「語彙と文法」を暗記することだ。

語学の神様の教え

〈こんな神様のような先生なので、折にふれてこの先生から語学上達の秘訣を私が聴きだそうとしたとしても不思議ではないであろう。それに、この先生が狂気の語学の天才ならば、自分たちとは違うカテゴリーの人だととっくの昔にあきらめるが、先生は円満な人格と輝くばかりの教養を備えられた常識人で、才能の違いは重々承知のうえでも、この先生についていけばなんとか自分もできるようになるという気にさせる魅力を持っておられる方である。そのS先生に伺ったのであるから、外国語上達についてのヒントは読者の方も私と同じように信じていただく以外にはない。／「先生、語学が上達するのに必要なものはなんでしょうか」

「それは二つ、お金と時間」／このラコニア風（laconic）に短い解答に目をパチクリしている私に先生が説明して下さったところによると、語学の上達には、まずお金をかけなければだめであるということであった。先生ご自身もあるロシア夫人に月謝を貢《みつ》いでロシア語を習得されたそうである。人間はそもそもケチであるので、お金を払うとそれをむだにすまいという気がおこり、その時間がむだにならないようにと予習・復習をするというのである。／外国人に日本語を教え、そのかわりにその外国語を学ぶというのはよく聞くが、そうやって外国語に上達した人に会ったことがないのは、お金を使っていないからであろう。大学のとき第二外国語その他でいくらでもいい先生に習えるのに上達せず、社会に出て仕事のあとお金を払って習いにいくと上達するのは、前に述べた目的意識のはっきりしていることと共に、お金を払うからにほかならない。〉

　人間はケチだから、授業料を払うと取り返そうという気になるというのは確かにその通りだ。筆者は、現在も語学学校に通ってチェコ語とロシア語を勉強している。ロシア語に関しては、「お前は七年八カ月もモスクワに勤務し、通算では三十年もロシア語で仕事をしているのだから、語学学校に通う必要なんかないんじゃないか」という質問を受ける。確かに語学学校に通わなくても、ある水準のロシア語力は維持できる。しかし、知識人が話すユーモアのあるロシア語を理解し、話すためには、高等教育を受け、知的職業に就いているロシア人から定期的に文法と通訳の訓練を受け続ける必要がある。

語学は、理屈だけでなく身体で覚える必要がある。そのためには時間が必要だ。千野氏はこんな説明をする。

〈先生のおっしゃるには神様は大変公正であって、お金だけあってもだめで、時間も必要だとの話であった。もし、お金だけで語学ができるのであれば、松下幸之助氏など何十という言語を身につけられるはずである。ところがこのような人たちは、会議やら相談などでいそがしくて、人称語尾を繰り返したり、単語を覚えたりする時間はないのである。大学生というのは、本来時間はあるがお金のない人たちであり、社会人というのは、いささかお金があるが時間のない人たちである。このことからも明白であるように、資本主義というのは時間をお金にかえる制度なのである。〉

金と時間の間に代替関係があるというのは事実である。一昔前、海外留学が一般的でなかった時代に、「独学で外国語をマスターした」という人はときどきいた。しかし、そういう人の語学力は、外国語から日本語への翻訳能力に限られていた。読む、聞く、話す、書くの総合力を独学で身につけることは不可能だ。しかし、何の準備もせずに外国に留学しても、外国語力は向上しない。生活に必要な単語は、数百語に過ぎない。日本の小学校二年生くらいのレベルの外国語ならば、現地で二年も生活すれば身につく。ただし、文法と語彙をきちんと習得する訓練をしていない人は、何年現地に滞在しても、小学一年生レベルの外国語能力しか身につかないのである。それでは当該言語を用いる人々から尊敬されないし、仕事に外国語を役立たせることもできない。明治時代からの伝統的な文法、語彙を暗記し、読解力をつけるという勉強法は正しいのである。語彙と文法の習得について、千野氏はこう指南する。

〈お金と時間が必要なことが分かったが、それではそのお金と時間で何を学ぶべきなのかというのが、私の次の質問であった。それに対して、S先生は次のように答えられた。／「覚えなければいけないのは、たったの二つ。語彙と文法」／これまた実に明快な答であった。なんだと思われる人もいるかも知れないが、すべての外国語の学習に際して絶対に必要なのは、この二つである。単語（言語学では、単に「語」という）とは何かを厳密に定義するのは非常に困難であるが、それはまあここではそれ以上追求しないとして、単語のない言語はないし、その単語を組み合せて文を作る規則を持たない言語はない。すなわち、何語を学ぶにしても、この二つを避けて通るわけにはいかない。〉

使うべきテキストとは

文法と語彙を身につけて、読む力をつければ、その水準に合致した聞く力、話す力がつく。それに修辞的な訓練を受ければ書く力もつく。

外国語を勉強したいと考える人は、「難しいテキストを読みたい」「本格的なディベートをしたい」という高い志をもっている。それが入門、初級の段階では、外国語習得の障害になることが多い。千野氏は、最初は薄い教科書を使えと強調する。

〈この本だけ一冊あげればその言語が完璧に習得されるという手の本は、ここで探し求めている教科書でも自習書でもない。現代人はいそがしいので、ありあまる時間を外国語習得にのみささげるというような好運にはめったに恵まれない。従って、大きな本はだめなのである。何らかの理由でその外国語の習得にすべてをかけるというような人は少数の人で、今ここで相手にしようとしている人たちではない。／初歩の語学の教科書なり自習書は、薄くなければならない。語学習得のためには、ああこれだけ済んだ、ここまで分かった、一つ山を越えたということを絶えず確認して、次のエネルギーを呼びさますことが必要である。飛び立った飛行機にとって、次の給油地があまりに遠いために墜落するといったへまは許されず、いつも余裕を持って次の中継地に着かなければならないが、それと同じようにして、次のエネルギーを得ることが必要なのである。とりわけ初歩の語学書に関しては"mega biblion—mega kakon"（大きな本は大きな悪）という格言は的を射ている。次々と新しい変化が出て来て絶望しないように、いま学習者が目標までの間のどの地点にいるかを確認できるようにしてある本が必要である。山に登るとき、頂上が見えない霧の中を登るのと、頂上への距離が分かって登るのとでは疲労度が違うのと似ている。一七世紀のチェコの教育学者で語学書執筆の名手であったヤン・アーモス・コメンスキー（コメニウス）も、「人間は限界の見えないものに恐怖を感ずる」といっているが、まさにその通りである。〉

コメンスキーの「人間は限界の見えないものに恐怖を感ずる」という格言は、外国語学習だけでなく、他の勉強や仕事にも応用できる。最終的にどれだけの知識が必要になるのかをつかんでおき、それをいくつかの段階に分解し、着実に知識をつけていく以外に外国語を習得する道はないと筆者は考えている。

思考の整理学

外山滋比古◉著

知を扱う仕事人に不可欠のノウハウを伝授

外山滋比古氏は、英文学、言語学、教育学などの専門分野でも大きな業績を残しているが、同時に専門分野の枠を超えた知を体得するための方法論についての第一人者である。同氏の『思考の整理学』は、一九八三年三月に筑摩書房から「ちくまセミナー1」として刊行された。「ちくまセミナー」は、竹内宏『現代サラリーマン作法』(同年三月)、森谷正規『文科系の技術読本』(同年四月)など、学知を実務と結びつけることを考えて編纂されたシリーズだ。『思考の整理学』は、八六年にちくま文庫に収録された後もロングセラーになり、二〇一六年二月二十五日付の第百七刷の帯にはこう記されている。〈刊行から30年、異例の200万部到達　時代を超えたバイブル　2015年文庫ランキング〈東

大、京大、早大生協、全国大学生協連合会調べ）東大（2位）、京大（2位）、早大（1位）〉。本書は、今後も長い間、大学生にとってのベストセラー兼ロングセラーの地位を維持するであろう。その理由は、本書のタイトルは『思考の整理学』であるが、内容は発想法、記憶術、表現法など、知を扱う分野で仕事をする人にとって不可欠のノウハウをわかりやすく伝授しているからだ。

まず、外山氏は、知識をグライダー型と飛行機型に区分する。飛行機がエンジンによって自力で飛行することができるのに対し、グライダーは風に乗って滑空することしかできないことからのアナロジー（類比）だ。高校までは、教科書と参考書、問題集が整い、教師が手取り足取り教える教育だ。最近では、進学校の生徒は、現役時代から予備校に通ってグライダー型の知識を吸収する訓練を徹底して受ける。また、大学以降、本来は自力で飛行する能力を身に付けなくてはならない場所でもグライダー型の教育が主流を占めている。こういう教育が生み出す欠陥について、外山氏はこう述べる。〈学校の最優等生が、かならずしも社会で成功するとは限らないのも、グライダー能力にすぐれていても、本当の飛翔ができるのではない証拠になる。学校はどうしても教師の言うことをよくきくグライダーに好意をもつ。勝手な方を向いたり、ひっぱられても動こうとしないのは欠陥あり、ときめつける。／教育は学校で始まったのではない。いわゆる学校のない時代でも教育は行なわれていた。ただ、グライダー教育ではいけないのは早く気がついていたらしい。教育を受けようとする側の心構えも違った。なんとしても学問をしたいという積極性がなくては話にならない。意欲のないものまでも教えるほど世の中が教育に関心をもっていなかったからである。〉

昔の塾や道場は、志願者を受け入れても、最初は、薪割り、水汲みなどの雑用をやらせる。志願者が学びたいと思っていることのノウハウを教えてくれない。こうして、志願者の学習意欲を高めているのだ。〈あえて教え惜しみをする。／じらせておいてから、やっと教える。といって、すぐにすべてを教え込むのではない。本当のところはなかなか教えない。いかにも陰湿のようだが、結局、それが教わる側のためになる。それを経験で知っていた。／頭だけで学ぶのではない。体で覚える。しかし、ことばではなかなか教えてもらえない。名人の師匠はその道の奥義をきわめているけれども、はじめからそれを教えるようではその奥義はすぐ崩れてしまう。（中略）／秘術は秘す。いくら愛弟子にでもかくそうとする。弟子の方では教えてもらうことはあきらめて、なんとか師匠のもてるものを盗みとろうと考える。ここが昔の教育のねらいである。学ぼうとしているものに、惜気なく教えるのが決して賢明でないことを知っていたのである。〉

習うより盗め

筆者自身の体験に照らしてみた場合、モスクワの日本大使館に勤務してからのロシア語の翻訳の技法、公電（外務省が公務で用いる電報）の書き方に関する教育は、まさに「師匠のもてるものを盗みとる」というスタイルだった。これは日本に特有のことではないようだ。筆者は、モサド（イスラエル諜報特務庁）やSVR（ロシア対外諜報庁）でインテリジェンス教育を担当する専門家と何度か意見交換をし、研修施設を視察したことがある。いずれの機関もマニュアル型の勉強を一年くらいさせた後は「習うより盗め」というような環境に研修生を置いて、インテリジェンスのノウハウを身に付けさせていた。「盗む」能力に欠ける者は、インテリジェンス業務から外されていた。外山氏は、〈師匠の教えようとしないものを奪いとろうと心掛けた門人は、いつのまにか、自分で新しい知識、情報を習得する力をもつようになっている。いつしかグライダーを卒業して、飛行機人間になって免許皆伝を受ける。伝統芸能、学問がつよい因習をもちながら、なお、個性を出しうる余地があるのは、こういう伝承の方式の中に秘密があったと考えられる。／昔の人は、こうして受動的に流れやすい学習を積極的にすることに成功していた。グライダーを飛行機に転換させる知恵である。〉という。

外山氏の主張を筆者の言葉で言い換えると、教育とは、師弟という関係に入ることだ。師弟の信頼関係の中で、全人格的に恩師の知が弟子に伝えられていくのである。

外山氏が本書を上梓した一九八三年は、ようやくデスクトップ型のコンピューターが大学にも導入され始めた時期だ。外山氏はコンピューターに期待される機能についてこう述べる。〈いちはやくコンピューターの普及を見たアメリカで、創造性の開発がやかましく言われ出したのは偶然ではない。人間が、真に人間らしくあるためには、機械の手の出ない、あるいは、出しにくいことができるようでなくてはならない。創造性こそ、そのもっとも大きなものである。／しかし、これまで、グライダー訓練を専門にしてきた学校に、かけ声だけで、飛行機をこしらえられるようになるわけがない。はたして創造性が教えられるものかどうかすら疑問である。／ただ、これからの人間は、機械やコンピューターのできない仕事をどれくらいよくできるかによって社会的有用性に違いが出てくることははっきりしている。どういうことが機械にはできないのか。それを見極めるのには多少の時間を要する。創造性といった抽象的な概念をふりまわすだけではしかたがない。／本当の人間を育てる教育ということ自体が、創造的である。教室で教えるだけではない。赤ん坊にものごころをつけるなどというのは、最高度に創造的である。つよいスポーツの選手を育てあげるコーチも創造的でなくてはならない。芸術や学問が創造的であるのはもちろんである。セールスや商売もコンピューターではできないところが多い。〉外山氏がこの文章を発表してから三十三年が経ったが、同氏の洞察は正しかった。今や教育でも研究やビジネスでもコンピューターは不可欠になっている。また、コンピューター上で人間同様の知能を実現しようとするＡＩ（人工知能）の研究も急速に進んでいるが、どれだけこの研究が進んでも、人間の創造性に独自の場所が残ることは間違いないと筆者は考えている。

必要なことはメモしない

本書には、考える力を強化するためのヒントがいくつも記されている。そのうち、筆者が最も共感したのは忘却の重要性に関するところだ。〈気にかかることがあって、本を読んでも、とかく心が行間へ脱線しがち、というようなときには、思い切って、散歩に出る。歩くのも、ブラリブラリというのはよろしくない。足早に歩く。しばらくすると、気分が変化し始める。頭をおおっていたもやのようなものがすこしずつはれて行く。／三十分もそういう歩き方をすると、いちばん近い記憶の大部分が退散してしまう。さっぱりする。そして、忘れていた、たのしいこと、大切なことがよみがえってくる。頭の整理が終了したのである。帰って、本に向えば、どんどん頭に入ってくる。〉

筆者の場合、散歩はあまり好きでないので、本を読んでいても上の空になってしまうときは、飼い猫たち（現在六匹）と遊ぶことにしている。そうすると、自然に気持ちが切り替わり、やる気が出てくる。外山氏は、〈講義や講演をきいて、せっせとメモをとる人がすくなくない。忘れてはこまるから書いておくのだ、というが、ノートに記録したという安心感があると、忘れてもいいと思うのかどうか、案外、きれいさっぱり忘れてしまう。本来なら、忘れるはずのないことまで忘れる。／めったにメモをとらないことだ。ただ、ぼんやり聴いていると、大部分は忘れるが、ほんとに興味のあることは忘れない。こまかく筆記すると、おもしろいことまで忘れてしまう。／つまらないことはいくらメモしてもいい。そうすれば、安心して早く忘れられる。大切なことは書かないでおく。そして、忘れてはいけない、忘れたら、とり返しがつかないと思っているようにするのである。／人間は、文字による記録を覚えて、忘れることがうまくなった。それだけ頭もよくなったはずである。〉

ほんとうに必要なことはメモしなくても記憶に定着するというのは外交官時代の経験に照らしても真実である。

試験にでる英単語

森一郎◉著

総合マネージメント能力を鍛える参考書

『試験にでる英単語』の初版は、今から五十四年前の一九六七年に刊行されたが、若干の改訂を経て、現在まで生きているロングセラーでベストセラーだ。現在販売されているものは、森一郎氏の次男である森基雄氏が索引を改訂し、二色刷にした一九九七年版だ。筆者が埼玉県立浦和高校の学生の時も、同級生とこの単語集の暗記競争をした。外交官試験の準備の時にも役立った。本書の目的について、森一郎氏はこう記す。

〈夏目漱石が、昔、松山の中学校で英語の教師をしていたころ「生徒たちは、英語の勉強にあまりにも多くの時間を使いすぎる」／と言って、嘆いたそうである。明治時代の漱石の嘆きは、現代の英語教育にも、大いに通じるところがあるようだ。／じっさい、現代の高校生諸君の中には、勉強時間の半分以上を英語に費やしている者が相当多く、しかも、そのわりには能率が全然上がっていない。生徒諸君は英語の他に、代数・幾何・国語・漢文・地理・歴史・物理・化学・生物その他、じつにいろいろな科目を学習しなければならないのであるから、諸君は英語の勉強に使うべき時間を、各自の勉強時間の総量の、せめて5分の1以下に切りつめなければならない。そのために、効果的・能率的な英語の学習法および指導法はないものかしら、とぼくは長年考えてきた。〉

受験勉強では総合マネージメント能力が問われる。本書の目的は、大学合格のために、最少時間で必要な英単語を習得することだ。それだから、絞り込まれている。そのことに不安を感じる読者を念頭に置いてこんな説明がなされている。

〈「本書におさめられた見出し語の数は、わずかに1、800語ぐらいであるが、受験生としてはこれでは少なすぎるのではないか、どうも心配である。著者の考えをお伺いしたい」／この質問に対しては、ぼくはいつも大体次のような返事を書いている。／「ここに収録した1、800語は、一見少ないように見えるけれども、これだけ覚えてしまうのでさえ、ことほどさように容易な業ではありません。一般に人間の記憶力というものは、まことになさけない非力なものであって、よほどの天才でもない限り、他の学科目の学習のあいまに、1、800の英単語を暗記することは至難のことです。とにかく、この1、800語を覚えてしまって、試験の日までに、なおかつ余力があるならば、その時にもう一度相談してください。そうすれば、その時点において英単語について、もう一段上の忠告をいたしましょう」／これに対して「私は先生の単語集の中の単語を全部覚えましたが、それ以上にどういう単語の勉強をやればよいでしょうか」という再質問を聞いたことはたった一度しかない。〉

この千八百語を覚えれば、接頭辞、接尾辞から類推して五千〜六千の英単語を習得することができる。ちなみに森氏に「すべての単語を覚えたので、その先の勉強法を教えて欲しい」と尋ねた読者（恐らく高校生か浪人生）は、その後どのような職業に就いたのだろうか。翻訳家もしくは通訳になったのかも知れない。筆者の知り合いには、英語、ロシア語、チェコ語、ドイツ語の通訳や翻訳家がいるが、いずれも単語を覚えることに対して情熱を持っている。高校生段階で『試験にでる英単語』を完全にマスターし、さらに英単語を覚えようとする人は、英語のプロとして生きていく資質があると思う。

ことができる。

一日に何語覚えるべきか

学習法も丁寧な説明がある。

〈「英単語の最も能率的な学び方・覚え方を教えてください」／これは、まことに虫のよい質問であって答え方が難しい。次の二つのことを参考のために言っておく。／（1）どうしても覚えにくい単語は、1語1語カードに書き取り、そのカードを1日につき3枚ないし5枚ポケットに入れて持ち歩き、折あるごとに取り出して覚える。1日につき、3語ないし5語にとどめておくことが必要で、欲ばって1日に10語も20語も覚えようとすると、かえって頭の中が混乱してしまい、欲ばった分だけ損をすることになる。／（2）カードに書いても、それまで文章の中で見たことのない単語は、なかなか覚えにくいものである。だから、英語の読書量をふやすように心がけて、おなじみの単語の数を多くしておくことが必要である。英文を読まないで、単語だけを取り出してそれの訳語を覚え、もって英語の勉強は終わったとするほど愚かなことはない。〉

筆者は、外務省研修生時代に英国の陸軍語学学校でロシア語を勉強した。そのときのノルマは、一日に単語を二十五～二十七、句を五～七覚えることだった。名詞や形容詞の暗記は容易にできたが、動詞が頭になかなか入ってこない。カードを作って必死になって覚えた。本気になれば、一日三十程度の単語は覚えることができる。単語帳で覚えた知識を定着させるために効果があるのは、日本語で読んで、内容が頭に入っている本を外国語で読むことだ。村上春樹氏の『1Q84』は、英語、ドイツ語、ロシア語に訳されているので、筆者は語彙力を強化するためにこの小説を三外国語で読んだ。単語の勉強は読解と結びつけないと外国語力の向上に結びつかない。

それでは、単語の解説について見てみよう。

conscience については、〈◯（名）良心 *con（19）=completely, sci（276）=know, ence

（353）＝名・尾「自己の心を良く知っていること」scíence（科学）も、元来は「知ること」の意．cónscious（意識的な→p.76）も姉妹語．／◯（形）consciéntious 良心的な〉という説明がなされる。ここで con（19）というのは、語源集十九番に co,com,con,col,cor,coun という接頭語が記され、それには、「ともに、いっしょに」という意味があると記されている。接頭語、語幹、接尾語に分解して、未知の単語に遭遇したときでも意味を類推する力をつけるための配慮がなされている。

revolution については、〈◯（名）革命、（天体の）運行　＊re（53）＝again, volut（349）＝turn「ぐるぐるまわる、政治の舞台がまわること」／◯（形）revolútionary 革命的な◯（動）revolú-tionize 革命を起こす、revólve 回転する〉と解説がなされている。同志社大学神学部で、天体の運行の変化が、地上の政治秩序の変化に繋がるという思想が占星術的世界像の特徴であることを学んだときに、本書のこの解説を思い出した。

「issue」をめぐって

森氏は、自著に対する愛情が強い作家だ。読者に対して、こんな反論もしている。

〈ぼくは、以前に『試験にでる英語』という本の中で、次のようなことを書いたことがある。／issue ［íʃuː］という単語を、従来の、どの単語集で調べてみても、名詞として「発出、はけ口、発行、結果、版、論争、問題」、動詞として「発行する、出て来る、由来する」など、合計10数個の訳語が与えられている。しかし、過去20年近くの、全国の大学入試問題を調べて得た結果によると、issueは、たとえばpolitical issue（政治問題）のように、「問題」という意味以外に用いられた例は、ほとんどまったくなかった。したがって、ぼくをして言わしむれば、issue＝「問題」とだけ覚えておけばよいのであって、issueの持つ他の意味は無視してよい、いや、無視すべきであるということになる。そういう不必要な、よけいな意味まで覚えるのだったら、世界史や地理などの勉強に、貴重な時間をさくべきである。／ところが、上の一文を読んでくださったある読者の方から、次のような趣旨のお手紙を頂戴した。／「あなたは、〝issue＝問題〟とだけ覚えておけと言われるが、それはとんでもないまちがいであって、私の知っている限りではissueは〝発行する〟という意味以外に用いられないはずである。したがって、あなたのお書きになることは、すべて、はったりではないかと疑いたくなります」／ぼくは、この手紙を見て、すこし頭へ来たのであったが、この手紙の主は、高校生ではなくて、ある観光会社の外国向け宣伝部にお勤めの方であることが、あとでわかった。ぼくは、この本を、そして、前の本も、そういう特殊な職業の方たちを対象として書いているのではなくて、高校生諸君のために書いているのであることを、はっきり申し上げておきたい。〉

確かに出版の世界では、issueは「発行する」という意味で用いられることが多い。「問題」と併せて「発行」を覚えてもよいと思うのだが、このあたりについて譲らない頑固さに森氏の職人的気質が表れている。

本書は今日でもほんものの英語力を付けようとする人には有益だ。森氏は、〈いったい英単語の中から、本書に収録した単語とその訳語を取り去ったら、何が残るだろうか。それこそ空気を抜いたボールのように、あるいは電池の入っていない懐中電灯のようにまったく用をなさないものになってしまうだろう。大学あるいは大学院の入試、会社官庁の就職試験に対する必要にしてじゅうぶんなる基礎学力として、本書の内容はいつの時代にも、どこの国においても欠かすことのできないものであることをぼくは断言する。〉と述べる。筆者もこの見解を支持する。二十一世紀の受験生、大学生、社会人に本書はもっと活用されてもいいと思う。

発想法　創造性開発のために

川喜田二郎◉著

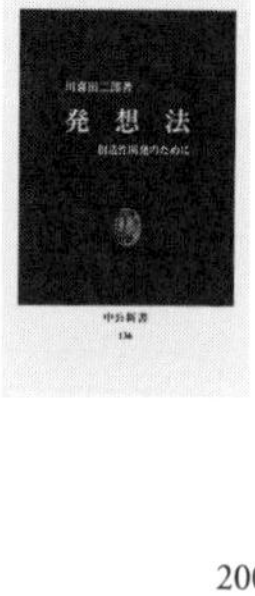

総合的思考と英国経験論哲学

東京工業大学教授、筑波大学教授などを歴任した川喜田二郎氏（一九二〇～二〇〇九年）は、同人のイニシャルを付したＫＪ法という独自の発想法を提唱し、社会に大きな影響を与えた。黒鉛筆またはペン、赤・青などの色鉛筆、クリップ、輪ゴム、名刺大の紙片などを用いてデータを整理し、カードを一面に広げ、着想を得るというローテクの技法は、パーソナルコンピューターが普及している現代では時代遅れだ。しかし、川喜田氏の発想法自体は、現在でも十分に通用する。それは川喜田氏の方法論が優れているからだ。

川喜田氏は総合的思考の重要性を説く。

〈この発想法は、分析の方法に特色があるのではなく、総合の方法である。はなればなれのものを結合して、新しい意味を創りだしてゆく方法論である。分析的な方法だけではわれわれの世界は不十分である。その意味で、国際的にも国内的にも、人間が、あるいは民族や国民が、はなればなれになってゆくような状況に対して、逆にそれを結合してゆく方法としてとりあげることができるのである。〉

「黒犬は黒い」というのは分析的判断だ。なぜなら「黒犬」という主語に黒いという意味が含まれているからだ。これに対して「黒犬は利口だ」というと総合的判断になる。「黒犬」という主語に利口であるという意味は含まれていないからだ。総合的判断を行うためには、外部から情報を得なくてはならない。外部からどのようにして真実に近づくための情報を得るかという試みがＫＪ法なのである。

さらに川喜田氏は、繰り返し実験が可能な法則定立を目的とする科学と、実験が不可能なので頭の中での抽象を通じて個性記述を目的とする科学を区別する、新カント派の伝統に立っている。

〈実験室のなかで研究対象になる自然は、なんども繰り返して再現することができる。反復が可能である。すくなくとも研究目的に対しては、反復が可能として扱ってよい。それに対して野外的自然は一回性を帯びている。これは歴史的に二度と同じ状況が繰り返されないことを意味する。またそれとおなじ現象がおこることは、他の地域ではありえない。場所的一回性がある。つまり歴史的、地理的一回性を帯びている。これは別の言葉でいうなら、個性的な自然ということもできる。／たとえばフランス革命は歴史上、一度しかおこらなかった。おなじようなことはそれ以前にもけっしてなかったし、これから先にも二度とはおこらないだろう。また北海道は地球上どこにもない地域で、北海道だけにしかない、一回性的、個性的なものである。また、ある会社や職場で、ある特定の意地の悪い部課長がいるという現場の状況は、ここのほかに世界中どこにもない。それがありのままの自然、あるいは野外的自然というものなのである。／このような野外的自然を研究の対象にしなければならない必要性がある。学問でいっても、たとえば歴史学でフランス革命を研究する。それは一回性的、個性的なもので、もう一度それがおこるという可能性はないが、しかもそれを対象に研究しなければならない。あるいはまた、経営学のコンサルタントがある企業、職場を研究する。その職場は、そこだけにしかない野外的自然であり個性的な世界である。しかもひじょうに複雑な世界である。これを研究するのが、野外科学と呼ぶにふさわしい分野であり、またそれにふさわしい研究方法が求められなければならない。〉

新カント派の伝統

ＫＪ法は個性記述的な科学の方法論なのである。大正教養主義で新カント派は日本のアカデミズムに強い影響を与えた。筆者の理解では、一九八〇年代にポストモダニズムの思想的嵐がアカデミズムを襲うまでは、日本の大学は新カント派的思考の上に成り立っていた。ポストモダニズムの結果生じた過剰な相対主義とシニシズムにより沙漠のようになってしまった大学を活性化させるためには、もう一度、新カント派の伝統に立ち返る必要がある。その意味で『発想法』を大学で取り扱う意味があると思う。

本書が刊行された六七年時点ではフィールド・ワークという言葉は一般的でなかった。それだから川喜田氏はフィールドの意味について、ていねいに説明する。

〈「フィールド」は、おもしろいことに、物理学における電場とか磁場という言葉における「場」にもあたる。また工場の「場」にもあたる。つまり野外科学はある意味では「場の科学」なのである、あるいは「現場の科学」だといってもよい。ひとしく経験を基礎にして現実界を研究の対象にするといっても、研究態度によって実験室的科学と現場の科学の双方が成り立つことを、これで理解していただけたろう。〉

フィールドで得た情報から内在的論理をつかむための内部探検が重要であると川喜田氏は指摘する。

〈もし問題が個人的な問題だとすると、それをはっきり提起するためには、自分の頭の中を探検しなければならない。それゆえ、この手続きを、かりに「内部探検」と呼んでおこう。／問題提起のために内部探検をすることは、はなはだ重要であるにもかかわらず、これを忘れたり軽視したりする人びとがじつに多い。ということはおそらく、特に技術らしい技術もいらないようにみえ、自分の頭の中で多少努力すればそれくらいのことはいわれなくてもわかると、たかをくくっているからであろう。しかしながら、この「内部探検」をごまかしなくやっておくと、おおいに利益をうることがある。最大の功徳は、内部探検によって、その後の努力目標がはっきりし、問題解決に向かって注意力が集中することである。／じっさいに内部探検をやってみると、極端な場合はこういうことすらある。すなわち、はじめは漠然と、問題がただ一つだと思っていたところが、内部探検の結果、じつはぜんぜんちがう問題が二つ重なっていたことがわかることさえある。われわれは自分の問題だから、自分にはよくわかっているように思いこんでいるのだが、じつは上記のように一度外部に表現し、それをフィードバックしないと信用できないのである。〉

大脳のシワの深さ

もっとも川喜田氏は、どのように内部探検を行い、どうやって内在的論理をとらえるかについて具体的なことを述べない。このような「秘儀」に依存する部分がKＪ法には多い。職人的技法は経験によって伝授されるしかないと川喜田氏が考えているからだろう。また、カードには鍵となる言葉を一行だけで表現しなくてはならないが、ここでは文学的な才能も求められる。KＪ法を習得するためには努力だけでなく、才能が必要とされる。このような川喜田氏の発想は、英国経験論と親和的だ。このことを川喜田氏も隠さない。

〈英国人は、足もとの経験を重視する点で、どうも西欧の大陸に住むフランス人の理性万能主義プラス・インスピレーション依存型とは、ある意味で対照的である。しかし日本人の「実感信仰」とちがうのは、彼らはこの経験から出発して、それを理論にまで練りあげていく、何重もの複雑な統合化にたいへんな自信を持っていることである。（中略）アダム・スミスの『国富論』における均衡理論や、マルサスの『人口論』における「人口は幾何級数的に、食糧は算術級数的にしかふえない」との理論は、たしかにともに普遍的理論の主張である。そして、すべての理論は、たしかに常に普遍的理論の主張である。また、すべての理論は、例外を認めたがらない傾向がある。／ところが『国富論』も『人口論』も、注意ぶかく読めば、理論に対する例外があるかもしれないことを、経験上暗に許容しているのである。こういうところは、スッキリ好みのフランス人やドイツ人の理論家が耐ええないところであろう。このような「経験から理論まで」の蒸溜能力に、無類の自信をもっているのが、アングロサクソン、ことに英国人だと思われる。つまり、「こういう高等な大脳のシワの深さを持っているのはおれたちだけだろう。くやしければ、やってみろ」というわけだ。〉

「くやしければ、やってみろ」というのは、KJ法を科学でないと批判する人たちに向けた川喜田氏の思いでもある。そして、KJ法は英国経験論哲学を実技に移したものであると川喜田氏は宣言する。

〈この見地からいうと、ＫＪ法的な発想法は、まさに英国人のこの経験論哲学を実技に移したもののようである。実技に移すことによって、英国人だけの独占的能力と思われたものを、各国民に解放してしまう手法である。またそれによって、貴族と庶民の垣根をとりはずすにいたるところのなにものかである。逆にいえば、精神においてＫＪ法とおなじでありながら、それを名人芸として「いうにいわれぬ」伝統に頼って実行していたにすぎない英国人は、ＫＪ法によってもっともショックをうけるだろう。〉

ＫＪ法は英国経験論哲学が考えるところの現実をできるだけ素直に受け止めるという方法を日本に土着化させる試みだったのである。

学問のすすめ

福沢諭吉◉著

国際的な競争社会を生き抜くための究極の自己啓発本

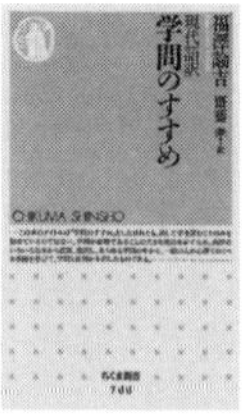

福沢諭吉（一八三五〜一九〇一年）は、一万円札の肖像になっているくらいの国民的英雄だ。『学問のすすめ』は、福沢が明治五年二月から同九年までに断続的に刊行した十七編の小冊子だ。明治十三年に合本が刊行された。その序文に福沢は、〈発兌の全数、今日に至るまで凡そ七十万冊にして、そのうち初編は二十万冊に下らず。これに加うるに、前年は版権の法厳ならずして偽版の流行盛んなりしことなれば、その数もまた十数万なるべし。仮に初編の真偽版本を合して二十二万冊とすれば、これを日本の人口三千五百万に比例して、国民百六十名のうち一名は必ずこの書を読みたる者なり。〉と記している。百六十人のうち一人が購入しているというのは、書籍が高価だった当時では、間違いなく大べ

ストセラーだ。
この本の名前は現代でも有名であるが、実際に通読したことがある人はあまりいない。その大きな原因が擬古文で書かれているからだ。言葉は生き物である。時代とともに変遷する。齋藤孝氏が本書を「和文和訳」し、優れた現代語に訳している（ちくま新書刊）。仕事や生活に具体的に役立たせるために『学問のすすめ』を読む人のほとんどが齋藤訳を手にすると思うので、本書の引用はこの訳文を用いる。

さて、本書の冒頭、

「天は人の上に人を造らず、人の下に人を造らず」

という言葉は、ほとんどの日本人が知っている格言になっている。それ故に福沢が平等主義者で、『学問のすすめ』を「平等のすすめ」と勘違いしているひとが多い。福沢はエリート主義者で、上層と下層に人間を区別して考えている。人間社会に経済的な大きな格差があることも当然視している。福沢は、エリートと大衆の差異の原因が、江戸時代までのような身分ではなく、学問を身につけたか否かになるという西洋基準が日本にもやってくると警鐘を鳴らしている。平たく言い換えると、「エリートになりたいなら、学問を身につけろ」と主張しているのだ。〈この人間の世界を見渡してみると、賢い人も愚かな人もいる。貧しい人も、金持ちもいる。また、社会的地位の高い人も、低い人もいる。こうした雲泥の差と呼ぶべき違いは、どうしてできるのだろうか。／その理由は非常にはっきりしている。『実語教』という本の中に、「人は学ばなければ、智はない。智のないものは愚かな人である」と書かれている。つまり、賢い人と愚かな人との違いは、学ぶか学ばないかによってできるものなのだ。／（中略）社会的地位が高く、重要であれば、自然とその家も富み、下のものから見れば到底手の届かない存在に見える。しかし、そのもともとを見ていくと、ただその人に学問の力があるかないかによって、そうした違いができただけであり、天が生まれつき定めた違いではない。〉

福沢は、先天的な才能よりも後天的な努力を重視する。学問でも哲学や文学のような教養を身につけるよりも簿記、計算などを重視する。当然、経済学の比重が高くなる。徹底的な功利主義的姿勢で学問に取り組むことを福沢は訴える。

反面教師としての忠臣蔵

功利主義的姿勢に反する封建的な思想、文化との訣別を本書の中で繰り返し訴える。そこで反面教師として何度も取り上げられるのが忠臣蔵だ。少し長くなるが、福沢の世界観を端的に表している箇所なので、正確に引用しておく。〈主人への義理で命を捨てた者を忠臣義士というなら、今日でも世間にそういう人は多くいる。権助が主人のお使いに行って、一両の金を落として途方にくれ、主人へ申し訳が立たないと覚悟し、並木の枝にふんどしをかけて首を吊るような例は珍しくない。いまこの忠義の使用人が自ら死を決心するときの心を酌んで、その気持ちを察すれば、哀れむべきである。「使ヒニ出デテ未ダ返ラズ、身マヅ死ス。長ク英雄ヲシテ涙ヲ襟ニ満タシムベシ」と詩に詠んでもいいくらいだ。／主人の委託を受けた一両の金をなくして、君臣の分をつくすに一死をもってするのは、古今の忠臣義士に対して少しも恥じるところがない。その忠誠ぶりは、日月と共に輝き、その功名は天地と共に長くあるべきなのに、世間の人はみな薄情で、この権助を軽蔑し、碑を立ててその功業を称賛する者もなく、宮殿を建てて祭る者もいないのはなぜだろうか。／人はみな言うだろう。「権助の死はわずか一両のためであって、事の次第も非常に些細だ」と。しかし、事の軽重は金額や人数の多い少ないで論じてはならない。世の中の文明に貢献したかどうかでその重要性を決めるべきである。／いま、かの忠臣義士が一万の敵を殺して討ち死にするのも、この権助が一両の金をなくして首を吊るのも、その死で文明に貢献しないことではまさしく同様であって、どちらかを重視し、どちらかを軽視することはできない。義士も権助も共に命の捨てどころを知らない者と言ってよい。これらの行為は「マルチルドム（引用者註＊殉教）」とは言えないのだ。〉

人望を得るためには

福沢は、暴政に対して、「信念を曲げて政府にしたがう」、「力をもって政府に敵対する」、「身を犠牲にして正義を守る」という三つのシナリオを提示する。そして、最後の「身を犠牲にして正義を守る」が最上策であると説く。〈静かに道理を説く者に対しては、たとえ暴政府といえども、その役人もまた同じ国民なのだから、身を犠牲にして正しい道理を守ってようすを見れば、必ず同情する気持ちが生まれるだろう。現に他人に同情する心があれば、自らの過ちを悔い、自然とあまり強く出られなくなって、必ず改心してくれるはずだ。／このように世を憂えて身を苦しめ、あるいは命を落とすものを、西洋の語では「マルチルドム（martyrdom）」という。失うのはただ一人の命であっても、その効能は一千万人を殺し、一千万の金を費やす内乱よりもはるかに大きい。〉と福沢は強調する。福沢は、本書で繰り返し、独立の気概を持つ個人を強調するが、このような個人は、独りよがりの信条に固執するのではなく、国際的に通用する普遍的価値を体得していなければならない。この普遍的価値のために殉教することは、本人の名誉にとっても、日本の国家にとっても意味があると考える。

福沢は、個人が強くなれば、社会も強くなると考える。その結果、国家も強くなる。社会とは人間のネットワークによって形成されている。それだから福沢は人望をとても重視する。福沢は、〈人望とは実際の力量で得られるものではもとよりないし、また財産が多くあるからといって得られるものでもない。ただ、その人の活発な知性の働きと、正直な心という徳をもって、次第に獲得していくものなのだ。〉という見方を示す。こういう内容なので、人望を身につける技法はマニュアル化しにくい。福沢は、人望を得るためには、弁舌、見た目、交際という三つの技法を磨く必要があると考える。
弁舌の重要性について、書き言葉だけでなく、話し言葉も重視する。〈文字を書いて考えを知らせるのは、もちろん有力な手段で、手紙や著作についての心がけもなおざりにしてはいけないけれども、身近な人に自分が思ったことをただちに伝えるには、言葉以上に有力なものはない。したがって、言葉はなるべく流暢に活発なものでなくてはならない。〉
近代社会では「時は金なり」だ。ビジネスを成功させるために、自らの意思を話し言葉で正確に伝える技法を体得していると有利になる。
見た目について、福沢はこう指摘する。〈表情や見た目が快活で愉快なのは、人間にとって徳の一つであって、人付き合いの上で最も大切なことである。／人の表情は、家でいえばまず玄関のようなもの。他人と広く交際して、来客を自由に迎えるには、まず玄関を開いて入り口を掃除し、とにかく寄り付きやすいようにすることが緊要である。なのに、いま、人と付き合おうとして表情を和らげるのに気を使おうともせず、それどころかニセ君子のまねをして、ことさらに渋い顔をするのは、戸の入り口に骸骨をぶら下げて、門前に棺桶を置いているようなものだ。誰がこんなところに近づくものか。〉
最後に、交際術について、本書の末尾でこう述べる。〈交際の範囲を広くするコツは、関心をさまざまに持ち、あれこれをやってひとところに偏らず、多方面で人と接することにある。ある者は学問をもって、ある者は商売によって交際する。ある者は書画の友がいて、ある者は囲碁・将棋の相手がいる。およそ、放蕩のような悪いことでなければ、友人を持つ手段にならないものはない。／（中略）人間のくせに、人間を毛嫌いするのはよろしくない。〉

学問とは、良質の交際を拡大するための技法なのである。『学問のすすめ』は、人間と人間の関係を正しく構築することができれば、人生はうまくいくということを、読者に再現可能な形で示した究極の自己啓発本なのである。

西国立志編

サミュエル・スマイルズ◉著

『自助論』が説く共助・品格・信頼関係

日本のベストセラーの歴史について語るときに、絶対に外すことができないのがサミュエル・スマイルズ著、中村正直訳の『西国立志編』（一八七一年）だ。訳者の中村正直は、一八三二（天保三）年五月二十六日に江戸の麻布で同心（幕府の下級武士）の家に生まれた。昌平坂学問所で儒学、蘭学、英語を学ぶ。一八六六（慶応二）年、幕府は旗本など幹部の子弟を英国に留学させた。その監督役の一人に正直が選ばれた。しかし、大政奉還がなされたため、留学は中断し、一行は一八六八（明治元）年六月に帰国する。親しくしていた英国人のフリーランドから餞別にもらったのが、本書の原本となる『Self-Help（セルフ・ヘルプ、自助論）』だった。

〈敬宇（引用者註＊正直の号）は帰国の船の中で、この本を手を離す間もないほど愛読し、読み直すこと数回、ついに半分ぐらいは暗記するに至ったという。この本の中に敬宇は、あの堂々たるイギリスの人間たちを作り出す秘密を発見したと信じたのである。この本を訳すことは、わが国の青年に生き方を教えることであり、これがお国のためだと思われた。（略）『西国立志編』が世に出たのは明治四年七月、敬宇が四十歳の時である。／この本が一度世に出ると、当時の日本で総計百万部は出たといわれるほどの売れ行きを示した。維新は成功したが、具体的な生き方の方針がまだ明らかでなかった日本人にとって、それは儒教に替わりうる道徳と思われたのである。〉（渡部昇一「中村正直とサミュエル・スマイルズ」『西国立志編』講談社学術文庫、一九八一年）

本書は、福沢諭吉『学問のすゝめ』（一八七二～七六年）と並ぶ明治初期の大ベストセラーである。正直は、東京帝国大学教授、貴族院議員などをつとめ、一八九一（明治二十四）年六月七日に没した（享年五十九）。

言語は時代とともに変化する。正直の言葉は二十一世紀の日本人にはわかりにくい。そこで予備校のカリスマ日本史講師として有名な金谷俊一郎氏（一九六七年生まれ）が『西国立志編』を現代語にした（ＰＨＰ新書刊）。原文の格調を生かしつつ、若い世代にも理解できるわかりやすい文に翻訳している。明治・大正期の優れた古典を現代語に翻訳する作業は、日本人の教養の水準を底上げするために有益と思う。

正直は、本書を日本人に紹介する意義についてこう述べる。

〈私が本書を訳すにあたり、こう問いかける者がいた。／「あなたはなぜ、兵学書を訳さないのか」

私は答えた。／軍隊が強ければ、軍隊の力によって、その国は平和になるというのか。西洋諸国の強さは軍隊によるものであるというのか。それはまったく間違っている。西洋諸国の強さは人々が篤く神を信仰するところによる。国民が自立する権利を持っているところによる。政治が国民に開かれており、法律が公正であるところによる。／ナポレオンは戦いについてこう論じている。／「徳行の力は、身体の力の十倍強い」

スマイルズは言った。

「国家の強弱は、人民の品行に関わる。そして、真実と善良こそが品行を形成していく」／国家は、人々の集合体である。そのため人々の品行が正しければ、人々の間に美しい国民性が生まれる。美しい国民性が生まれれば、国家はそれを吸収し、すばらしい国家が生まれる。このことは至極当然の理論である。〉（『現代語訳　西国立志編』ＰＨＰ新書）

国民一人一人の能力が向上し、社会を強化することを通じて強国を建設するというスマイルズの方針に正直は共鳴している。

〈「天は自ら助くる者を助く」／これは、今まで人類が経験してきたすべての成功と失敗の経験から生まれた言葉です。／「自ら助く」とは、自立して他人に頼りきらないということです。／この自助の精神から、人間の才知というものは生まれてきます。／自助の精神を備えた人が多くなればなるほど、その国家は活気に満ち、繁栄していきます。／他人に頼りきった結果成就したものは、その後必ず衰えていきます。／これに対して、自分自身の力で成し遂げたことは、必ず発展しますし、その発展を妨げることができないほど強い勢いを持ちます。／他人に多くの援助をすればするほど、援助を受けた人は自分自身で頑張ろうという気持ちを失ってしまいます。また、上に立つ者が、厳しすぎるほど指導してしまうと、下の者は自立しようという気持ちを持たなくなってしまいます。／人々を抑圧する政治や法律は、人々の経済的自立を失わせ、その活動を弱めてしまうことになります。〉

この部分だけを読むと、スマイルズの自助論は、新自由主義者が説く自己責任論と同じように思える。しかし、正直は、スマイルズの自助論の背景に共助を前提とする市民社会論があると解釈する。

〈天は人を創り出すにあたり、すべての人が同様に安楽を受け、同様に道徳を修め、同様に知識を身につけ、同様に仕事や学問に励むことを望んでいる。／この人は強く、この人は弱い。この人は優秀で、この人は劣っているといった序列をつけることなど望んではいない。／世界中の国々が、学問や文芸を通じて交流し、必要を満たし生活を豊かにしていくべきである。互いに手をとり助け合うことによって、平和と幸福は享受できる。／だとすれば、どうして強弱を比較し、優劣を競う必要があるだろうか。／人は天から与えられ

た使命の偉大さを知り、真実の心をもって、善良なことを行うべきである。〉

確かにスマイルズは、人間と人間の信頼関係を重視し、こう述べている。

〈貿易をはじめとした商取引は、他の事業に比べると、最も人間の品行を求められる職業分野であると言えます。／まっすぐな心を持っているかひねくれた心なのか、公平な心を持っているか私利私欲にまみれているか、誠実か不誠実かといったことは、商取引を行う際、明白に露呈するものなのです。／そのため、商売において、まっすぐな心で私利私欲を持たず誠実な態度で行うことは、兵隊が危険の中にあって勇敢さを現すことに例えられます。このような態度でいる人は、必ず他人に信用されるのです。〉

そして、信頼関係を毀損するような私利私欲の追求が不幸の原因であると指摘する。

〈商品の中に偽物を混入させる商人、他の素材をあたかも羊毛や綿花のように見せかける織物職人、安物の鉄くずを鋼鉄と偽って器具を製造する者、目のない針を売るなどさまざまな偽物を売って人の目をごまかす者がいます。／しかし、このようなことをして得た利益は、決して当人を豊かにはしません。このような利益では、お金に代えることのできない貴重なものを手に入れることはできないのです。ここでいう貴重なものとは、すなわち平和で安静な心なのです。人間は、平和で安静な心を手に入れるために外部からの手助けを得るものですが、もしこの心を手に入れることができなければ、いくら財産があっても何の役にも立たないのです。〉

スマイルズは、英国のロマン派詩人ウィリアム・ワーズワース（一七七〇～一八五〇年）の詩を引用して、信頼の重要性を読者の心情に訴える。

〈常に信義を守り、他人から信頼される人は、／自分を落としてまで世間の名声や富を求める必要はない。／なぜならば、名声や富は、時雨が降るように、／必ずその人の頭上に集まって落ちるからだ。〉

自己責任より信頼強化

スマイルズの自助論は、個人主義的な自己責任論ではない。市民社会の紐帯を強化するためには、個人が努力し、他者に迷惑をかけることを極力避け、市民間の信頼関係を強化することによって、社会を強化することをスマイルズは志向している。この市民社会が強化された延長線上に、政治がある。政治は当該社会を反映したものであるというのがスマイルズの認識だ。

〈国の政治は、その国の国民一人ひとりを映し出した鏡であると言えます。／国民こそが政治の実体なのです。政治は国民の姿をそのまま投影したものにすぎません。／たとえば、ここにある国があります。／国民の品行が劣悪であれば、たとえ一時的にその国の政治が優れていようとも、必ずやまもなく政治は腐敗し、国民と同じ水準に堕してしまうことでしょう。また、国民の品行が非常に優れていれば、たとえ一時的にその国の政治が劣悪であったとしても、すぐにその国の政治は発展し、国民の水準に追いついていくはずです。／もともと国家というものは国民によって成り立っています。すべての国民の性質が集まって形作られたものが、その国の法律であり政治なのです。つまりは、国民の水準と政治の水準は、必ず同等になるのです。国民に比べて政治が優れているとか劣っているとかいったことは存在しないのです。〉

「この国民にして、この政治家あり」ということだ。

〈品格の高い人物は、品格の高い政治によって統治されるはずですし、愚かな人物は、自然と愚かな政治によって管理されることになります。／古今東西の歴史を見てみると、国家の優劣や強弱は、その国の国民の品行と関連している例が非常に多く、その国の政治のよさや悪さが国家の優劣や強弱と関連している例は少ないものです。／なぜならば、国家は国民一人ひとりの資質を合算したものの集合体であり、国家の発展といったものは、まさしく国民の資質を合算したものから生まれてくるのです。／その国のすべての国民が、各自品行を正しくし、それぞれの仕事に励み、才能を磨いて発展させていけば、それが集合体となって、おのずとその国を発展させていくものなのです。〉

『西国立志編』が称揚する自助は、弱肉強食社会における立身出世の処世術ではない。一人一人が自助の精神で能力を向上させることにより、信頼と友愛を基盤とする社会と国家を強化すべきだという提言なのである。

第3部

物語の大きな力

コンビニ人間

村田沙耶香◉著

猛毒をあえてそのまま提示した文学

文学は猛毒を薬に変えて差し出す表現であるべきだという考え方があるが、筆者には違和感がある。ソ連共産党の文学官僚から聞かされた「資本主義社会における労働者階級の解放、発達した社会主義社会（ソ連の意味）においては、共産主義の実現に貢献する文学のみに意味がある」という社会主義リアリズム論に通底するところがあるからだ。

猛毒をそのまま提示して評価は読者に委ねるというアプローチも認められてよい。『コンビニ人間』は、人間が持つ猛毒をあえて薬に変えることをせずに提示した優れた文学作品と思う。

現在、三十六歳の古倉恵子は、子どもの頃から周囲の人々とのコミュニケーションが上手に取れない。

〈小学校に入ったばかりの時、体育の時間、男子が取っ組み合いのけんかをして騒ぎになったことがあった。

「誰か先生呼んできて！」

「誰か止めて！」

悲鳴があがり、そうか、止めるのか、と思った私は、そばにあった用具入れをあけ、中にあったスコップを取り出して暴れる男子のところに走って行き、その頭を殴った。／周囲は絶叫に包まれ、男子は頭を押さえてその場にすっ転んだ。頭を押さえたまま動きが止まったのを見て、もう一人の男子の活動も止めようと思い、そちらにもスコップを振り上げると、

「恵子ちゃん、やめて！　やめて！」

と女の子たちが泣きながら叫んだ。／走ってきて、惨状を見た先生たちは仰天《ぎょうてん》し、私に説明を求めた。

「止めろと言われたから、一番早そうな方法で止めました」

先生は戸惑《とまど》った様子で、暴力は駄目だとしどろもどろになった。

「でも、止めろって皆が言ってたんです。私はああすれば山崎くんと青木くんの動きが止まると思っただけです」

先生が何を怒っているのかわからなかった私はそう丁寧に説明し、職員会議になって母が呼ばれた。／なぜだか深刻な表情で、「すみません、すみません……」と先生に頭を下げている母を見て、自分のしたことはどうやらいけないことだったらしいと思ったが、それが何故なのかは、理解できなかった。〉

奇妙な「合理的思考」

恵子が大学に入学した十八歳の時に自宅の近所にコンビニが開店した。そこで十八年間、恵子はアルバイトを続けている。飲食物もコンビニで購入した商品しか摂らないので、身体はコンビニ商品で出来ていると言ってもいい。思考も行動もコンビニで働くのに過剰適応している。

ある日、能力は低いが自己評価が異常に高い白羽という独身青年がコンビニでアルバイトを始める。仕事はできないが、いつも毒づいている。恵子は白羽についてこんな評価をしている。

〈差別する人には私から見ると二種類あって、差別への衝動や欲望を内部に持っている人と、どこかで聞いたことを受け売りして、何も考えずに差別用語を連発しているだけの人だ。白羽さんは後者のようだった。／白羽さんはたまに言葉をとちりながら早口で呟き続けている。

「この店ってほんと底辺のやつらばっかですよね、コンビニなんてどこでもそうですけど、旦那の収入だけじゃやっていけない主婦に、大した将来設計もないフリーター、大学生も、家庭教師みたいな割のいいバイトができない底辺大学生ばっかりだし、あとは出稼ぎの外人、ほんと、底辺ばっかりだ」

「なるほど」

まるで私みたいだ。人間っぽい言葉を発しているけれど、何も喋っていない。どうやら、白羽さんは「底辺」という言葉が好きみたいだった。〉

結婚を焦っている白羽は、客に対してストーカーまがいの行為に及ぶ恐れがでてきたので、コンビニをクビになる。その後、恵子は白羽と同棲することになる。白羽には行き場所がなく、恵子は周囲との関係で同棲する男がいた方が、ストレスが少ないという合理的判断からだ。

二人の間に性的関係はない。白羽は、バスタブの中で生活し、恵子が「餌」と呼ぶ茹でた野菜に醬油をかけたものと米飯を与える奇妙な生活を続ける。正業に就けとの親族からの圧力に加え、恵子と白羽の私生活にコンビニの店長や店員が示す過剰な好奇心に耐えられなくなり、恵子はコンビニを辞める。動物としての合理的基準に照らせば、種族を繁栄させた方がよいのではないかと思った恵子は、借金督促の電話を掛けてきた白羽の義妹に相談する。

〈「あの、ちょっと聞いてみたいんですけど、子供って、作ったほうが人類のためですか?」

『は⁉』

電話の向こうで義妹の声がひっくり返り、私は丁寧に説明した。

「ほら、私たちって動物だから、増えたほうがいいじゃないですか。私と白羽さんも、交尾をどんどんして、人類を繁栄させるのに協力したほうがいいと思いますか?」

しばらく何の音もせず、ひょっとしたら電話が切れてしまったのかと思ったが、ぶわあ、と、携帯から生ぬるい空気が吐きだされてきそうなほど、大きな溜息の音がした。

『勘弁してくださいよ……。バイトと無職で、子供作ってどうするんですか。ほんとにやめてください。あんたらみたいな遺伝子残さないでください、それが一番人類のためですんで』

「あ、そうですか」

『その腐った遺伝子、寿命まで一人で抱えて、死ぬとき天国に持って行って、この世界には一欠《ひとか》けらも残さないでください、ほんとに』

「なるほど……」

この義妹はなかなか合理的な物の考え方ができる人だ、と感心して頷いた。

『ほんと、あなたと話してると頭がおかしくなりそうで、時間の無駄なんで、もう切っていいですか？　あ、お金の件、絶対に伝えといてくださいね！』

義妹はそう言い残すと、通話を切った。／どうやら私と白羽さんは、交尾をしないほうが人類にとって合理的らしい。やったことがない性交をするのは不気味で気が進まなかったので少しほっとした。私の遺伝子は、うっかりどこかに残さないように気を付けて寿命まで運んで、ちゃんと死ぬときに処分しよう。そう決意する一方で、途方に暮れてもいた。それは解ったが、そのときまで私は何をして過ごせばいいのだろう〉

義妹は、能力の低い人間は、子孫を残してはいけないというナチスのような優生思想をここで展開している。生産性の観点で人間を評価することのグロテスクさが伝わってくる。

コンビニへの過剰適応

恵子はコンビニを辞めてから一カ月近くたって、ようやく派遣会社の面接に行く機会を得る。白羽が恵子をエスコートするという。面接会場には一時間以上早く着いた。

〈「あ、僕ちょっとトイレに行ってきます。ここで待っていてください」

白羽さんがそう言い残して歩き出した。公衆トイレなどあるだろうかと思ったら、白羽さんが向かっていったのはコンビニだった。／私もトイレに行っておこうかと、白羽さんを追いかけてコンビニに入った。自動ドアが開いた瞬間、懐かしいチャイムの音が聞こえた。

「いらっしゃいませ！」

私の方を見て、レジの中の女の子が声を張り上げた。／コンビニの中には行列ができていた。時計を見ると、もうすぐ12時になろうというころだった。ちょうど昼ピークが始まる時間だ。／レジの中には、若い女の子が二人だけしかおらず、一人は「研修中」のバッジをつけているようだった。レジは二台で、二人ともそれぞれのレジの操作に必死だった。／ここはビジネス街らしく、客の殆どはスーツを着た男性や、ＯＬ風の女性たちだった。／そのとき、私にコンビニの「声」が流れ込んできた。／コンビニの中の音の全てが、意味を持って震えていた。その振動が、私の細胞へ直接語りかけ、音楽のように響いているのだった。／この店に今何が必要か、頭で考えるよりも先に、本能が全て理解していた。／はっとしてオープンケースを見ると、「今日からパスタ全品30円引き！」というポスターが貼ってあった。それなのにパスタが焼きそばやお好み焼きと混ざって置いてあり、ちっとも目立っていない。／これは大変だと、私はパスタを冷麺の隣の目立つ場所へ移動させた。女性客が不可解な目で私を見たが、そちらを見上げて「いらっしゃいませ！」と言うと、社員なのだろうと納得した様子で、綺麗に並べ終えたばかりの明太子パスタをとっていった〉

恵子は次々とコンビニの商品を整えていく。店員たちは、恵子を本社からやってきた社員と勘違いしている。恵子の身体は、コンビニと同化してしまったのだ。

外交官時代、筆者は文字通り北方領土の返還に命を懸けていた。月の超過勤務時間が三百時間を超えることが常態化していた。しかし、それが辛いと感じることはなかった。恵子がコンビニと自己を一体化させていたごとく、筆者は外務省と自己を一体化させていた。鈴木宗男事件に連座して、二〇〇二年五月十四日に東京地方検察庁特別捜査部によって逮捕されることがなければ、現在もそのような生活を続けていたと思う。

それだから筆者にはこの小説で描かれている恵子の姿が他人事とは思えないのである。外務省という疑似監獄から、東京拘置所という本物の監獄に移動することによって、筆者は疎外から解放された。

色彩を持たない多崎つくると、彼の巡礼の年

村上春樹◉著

神学とも通底する思想小説。「色彩」「巡礼」にこめられた意味は

二〇一三年最大のベストセラーが村上春樹氏の『色彩を持たない多崎つくると、彼の巡礼の年』（文藝春秋）であることはまず確実であろう。村上春樹氏の小説は普遍文学を指向している。日本の風土、伝統というコンテクストを離れても、十分理解でき、楽しめる小説だ。特にユダヤ教、キリスト教をバックボーンに持つ欧米で、この作品は思想小説として読まれる。その理由は、前作『１Ｑ８４』（新潮文庫）にも共通するが、村上氏が「悪がなぜ存在するか」という問題と正面から取り組んでいるからだ。

キリスト教神学には、神義論（theodicy）という分野がある。神学的な問題の場合、結論はあらかじめ決まっている。神は常に正しい。しかし、現実にわれわれ人間が生きてい

る世界には、確実に悪が存在する。もし神が悪を作ったならば、神は悪魔と同じになる。従って、この世に悪は存在するが、神にその責任はないことを論証するのが神義論の課題だ。神を弁護する作業なので、theodicy に弁神論という訳をあてることもある。

アウグスティヌス神学の影響が強いカトリックやプロテスタントの神学は、悪を善の欠如と捉える傾向が強い。そうなると善を増大することで悪の駆逐が可能になる。これに対して、ビザンチン、ギリシア、ロシアなどの正教神学では、悪は善の欠如ではなく、それ自体として自立していると考える。キリスト教では人間は、一人の例外もなく罪を負っている。この罪から悪が生まれる。悪魔には罪を持つ人間を支配する権利がある。言い換えると罪を持つ人間は悪魔に人質にとられている。神は悪魔に身代金を支払って人間を解放することにした。この身代金が、神のひとり子であるイエス・キリストなのだ。この身代金説をとると、人間が悪魔から解放された後も、人間の罪は残るので、そこから悪が生じる可能性が排除されない。この世には悪が存在し続け、悪魔と手を握るヒトラーやスターリンのような人間が出てくるのである。このような悪の問題に真剣に取り組んだのがドストエフスキーだ。しかし、ドストエフスキーは神やキリストについて過剰に語る。これをキリスト教信仰の証ととらえてはならない。古代ユダヤ教において、ヤーウェという神の名は、エルサレムの神殿で大祭司が一年に一度だけしか唱えてはいけないという縛りがあった。ドストエフスキーは、神を信じることができないから、神やキリストについて過剰に語るのである。これに対して、村上春樹氏は、『色彩を持たない……』の中で、悪の実在について掘り下げた考察をするが、神についてはほとんど語らない。それ故に、ユダヤ・キリスト教文化圏において村上氏は神について真剣に考えている作家と受け止められるのである。

ここでは、悪が関係性から生まれることが描かれている。主人公の多崎つくるは、名古屋の高校時代に、アカ、アオ、シロ、クロと五人で、親友グループを作っていた。高校卒業後、親友四人が名古屋にとどまったのに対し、生まれた土地を離れて東京の工科大学に進学したとき、多崎つくるは、自発的な意思によって形成されたアソシエーションに属していると考えていた。確かにこのグループには、〈学習能力や学習意欲に問題がある子供たちを集めたスクールの手伝いをする〉という目的があったので、アソシエーションの要素もある。しかし、同時に名古屋という場所に結び付いたコミュニティでもあるのだ。グループが成立している名古屋から離れた多崎つくるが、「追放される」、すなわち共同体から排除されるのは必然的なのである。

多崎つくるは、三十六歳になって、恋人の沙羅の強い勧めによって、現在も生きている三人（シロは名古屋を離れ、浜松で働いていたが、何者かによって殺害された）と会い、追放の真相を知るための調査を始める。ちなみに、沙羅は多崎つくるに外部から超越的に介入する神のような存在だ。調査の初期段階で、シロがつくるにレイプされたという虚偽の訴えをしたことが、追放のきっかけだったことをつくるは知る。しかし、これはあくまでもきっかけで真の原因ではない。なぜなら、残り三人はシロの告発が真実ではないと最初から感じていたからである。罪がない多崎つくるがなぜ苦難を背負わなくてはならないのか。それは、人間と人間の関係が絶対悪を創り出す力を持っているからだ。つくるは、東京に出ることで、この悪を創り出す関係からは抜け出した。その結果、得た苦難は同時に救済なのである。

『色彩を持たない多崎つくると、彼の巡礼の年』というタイトルのうち、「色彩」と「巡礼」がこの小説の主題になっている。つくるは、色彩を持たない（あるいは透明という色彩を持つ）。しかし、多崎つくるという人間は、確実に存在している。これは、目には見えないが、確実に存在するものがあるという思想、中世のリアリズムに通底する。目に見えないものを可視化するのは難しい作業である。そのために村上氏は、さまざまな表現を駆使し、舞台設定を変えて、可視化の作業を進める。

例えば理学と工学の二項対立を立てて、目に見えないが確実に存在する世界を理解することに疎いつくるの姿を浮き彫りにする。ここでつくるの対論者《オポネント》として登場するのが工科大学で物理学を学ぶ灰田文紹だ。

〈「つくるさんは、何かを作るのが好きなんですね。名前どおりに」

「形のあるものを作るのは昔から好きだったよ」と多崎つくるは認めた。

「僕は違います。生まれつきなぜか、ものを作ることが不得手なんです。小学生のときから簡単な工作ひとつ満足にできません。プラモデルさえうまく組み立てられません。頭の中でものごとを抽象的に考えるのは好きで、どれだけ考えていても飽きないんだけど、実際に手を動かしてかたちあるものを作ることができないんです。料理を作るのは好きですが、まあ料理というのは作る端からどんどんかたちをなくしていくものですから……。しかしものを作るのが不得意な人間が工科大学に入るって、どうも落ちつかないものですね」〉

始点と終点をめぐって

灰田の「頭の中でものごとを抽象的に考えるのは好きで、どれだけ考えていても飽きないんだけど、実際に手を動かしてかたちあるものを作ることができないんです」という発言に、目に見えないが確実に存在する事柄をとらえることができる人の特徴が現れている。灰田以外では沙羅にも目に見えない存在をとらえる力がある。こういう超越的感覚に長けた人々がつくるを巡礼に誘うのである。

巡礼は観光旅行と異なる。キリスト教の聖地巡礼も、四国八十八札所、秩父三十四札所の御遍路も救済を求める旅だ。従って、巡礼は本質において目的論（teleology）的構成をとる。ギリシア語で「終わり」を意味する「テロス（telos）」には同時に「目的」と「完成」という意味がある。従って、巡礼が終わるときは、救済という目的が達成（完成）されたときのことだ。この点については、鉄道を用いてわかりやすい形で思想が展開されている。この小説の末尾で、多崎つくるがＪＲ新宿駅の９・10番線で列車を眺める描写がでてくる。ここには新宿始発・終着の列車が多い。

〈多崎つくるにはとくに向かうべき場所はない。／考えてみれば彼はまだ、松本や甲府や塩尻に行ったことがない。（略）新宿駅のこのプラットフォームで、数え切れないほど多くの松本行き特急列車を眺めてきたにもかかわらず、自分自身がその列車に乗り込むという可能性は、これまで一度も彼の頭に浮かばなかった。そんなことは考えつきもしなかった。どうしてだろう？〉

この答えはそれほど難しくない。つくるにとって新宿駅は始点ではなくて終点だからである。そのことをつくる自身が、無意識のうちに理解している。

〈多崎つくるには向かうべき場所はない。それは彼の人生にとってのひとつのテーゼのようなものだった。彼には行くべき場所もないし、帰るべき場所もない。かつてそんなものがあったことはないし、今だってない。彼にとっての唯一の場所は「今いる場所」だ。／いや、そうじゃないな、と彼は思う。／よく考えてみればこれまでの人生で、向かうべき場所をはっきり持っていたことがただ一度だけある。高校時代、つくるは東京の工科大学に入って、鉄道駅の設計を専門的に学びたいと望んでいた。それが彼の向かうべき場所だった。そしてそのために必死に勉強をした。（略）それほど身を入れて勉強したのは、そのときが初めてだった。他人と順位や成績を競い合うのは苦手だが、納得のいく具体的な目標さえ与えられれば、自分はそれに心血を注げるし、それなりに力を発揮することもできる。彼にとっては新しい発見だった。〉

終点は始点があるから存在する。つくるにとって始点は名古屋という場所と結びついたアカ、アオ、シロ、クロという四人の親友だったのである。しかし、その始点が、ある日、突然、つくる自身の力が及ばない出来事によって消滅してしまった。その瞬間に、つくるの終点、すなわち、目的であると同時に完成であった事柄も消滅してしまったのである。そして、つくるには、夏目漱石の『こころ』に出てくる先生のように「死んだように生きる」ことしかできなくなってしまったのである。

そのつくるに、沙羅が外部から介入し、新たな人生のエネルギーを与える。ちなみにこの小説が英訳された場合、沙羅は、旧約聖書におけるアブラハムの物語で主要な役割を果たすサラを想起させる。サラとはヘブライ語で高貴な女性を意味する。アブラハムの正妻だ。アブラハムの妾のハガルとその息子のイシュマエルを追放するシナリオはサラが組み立てた。

つくるは沙羅の指示通りに動き、なぜ親友四人から追放されたか真実を知る。つくるにとって沙羅は超越的存在である。つくるは沙羅を愛する。沙羅には中年男の影があり、つくるの愛が成就するかどうかわからない不安定な状況で、この物語は幕を閉じる。

二十一世紀においての世界は平和にならない。また、会社や学校、家庭の生活においても、悪は確実に存在する。悪の構造とそこから抜け出していく可能性が、超越的な感覚を備えた人と具体的関係を持つことによって生まれるという希望が、この作品から伝わってくる。それは村上春樹氏個人の思想と、同氏に蓄積されている欧米の最良の英知が、化学変化を起こし、優れた文学の形態をとったからだ。

蹴りたい背中

綿矢りさ◉著

すぐれた「観察者」である少女の〝罪と愛〟

綿矢りさ氏はロシアの文豪ドストエフスキーの系譜に位置づけられる作家であると筆者は認識している。それは、綿矢氏が悪の問題を正面から取り扱っているからだ。二〇一一年以降に書かれた『亜美ちゃんは美人』、『ひらいて』、『憤死』（短中編集）、『大地のゲーム』は、いずれも人間と人間の関係から必ず生まれる悪とどう向き合うかについて、真剣に考察する中で生まれた作品だ。

綿矢氏は二〇〇一年、十七歳のときに『インストール』で第三十八回文藝賞を受賞し、二〇〇四年に『蹴りたい背中』で第百三十回芥川賞を受賞した。当時、綿矢氏は十九歳、『蛇にピアス』で同時受賞の金原ひとみ氏が二十歳だったので、大きなニュースになった。

両作品が掲載された「文藝春秋」二〇〇四年三月号は、増刷を行い百十九万五千部に達した。ちなみに『蹴りたい背中』は累計百二十七万部に達しており、文字通りミリオンセラーである。

この小説は複数の読み解きが可能だ。素直に読めば、高校一年生の友人以上、恋人未満の関係を、感情の澱や襞を巧みに描いた恋愛小説ということになるのだろう。

主人公のハツは、クラスで疎外されているわけではないが、どのグループにもうまく加われない。彼女には、中学時代からの友人絹代がいる。高校生になって、絹代は男女混合グループに加わる。ハツもこのグループに誘われたが、断る。

〈私は、余り者も嫌だけど、グループはもっと嫌だ。できた瞬間から繕わなければいけない、不毛なものだから。中学生の頃、話に詰まって目を泳がせて、つまらない話題にしがみついて、そしてなんとか盛り上げようと、けたたましく笑い声をあげている時なんかは、授業の中休みの十分間が永遠にも思えた。自分がやっていたせいか、私は無理して笑っている人をすぐ見抜ける。大きな笑い声をたてながらも眉間に皺を寄せ、目を苦しげに細めていて、そして決まって歯茎を剝き出しそうになるくらいカッと大口を開けているのだ。顔のパーツごとに見たらちっとも笑っていないからすぐ分かる。絹代は本当はおもしろい時にだけ笑える子なのに、グループの中に入ってしまうと、いつもこの笑い方をする。あれを高校になってもやろうとする絹代が分からない。〉

高校一年生であるが、ハツには確固たる自我がある。他人に同調して自分を見失いたくないのだ。彼女は、〈高校に入学してからまだ二ヵ月しか経っていないこの六月の時点で、クラスの交友関係を相関図にして書けるのは、きっと私くらいだろう。〉という己を突き放した観察者でもある。

同級生のにな川智《さとし》は、オリチャンというモデルに熱中するオタクの傾向がある少年だ。ハツがにな川に、中学一年生のときに駅前の無印良品でオリチャンと偶然出会い、会話を交わしたことがあると伝える。それから、にな川とハツは急速に親しくなる。もっともハツは、にな川にとって〈〝オリチャンと会ったこと〟だけに価値のある女の子〉であることを冷静に認識している。自分の感情についてハツはこう整理している。

〈彼にあるのは目だけ。私にあるのも目だけ。ひたすら見つめるだけのこの行為を、なんと呼べばいいのだろう。／私はオリチャンを見つめているにな川が好きだ。〉

この作品では、目差しがとても重視される。ハツとにな川の以下のやりとりが印象的だ。

〈「長谷川さんの考えてることって全然分からないけど、時々おれを見る目つきがおかしくなるな。今もそうだったけど。」

「へっ?」

「おれのことケイベツしてる目になる。おれがオリチャンのラジオ聴いてた時とか、体育館で隣で靴履いてた時とか、ちょっと触れられるのもイヤっていう感じの、冷たいケイベツの目つきでこっち見てる。」
違う、ケイベツじゃない、もっと熱いかたまりが胸につかえて息苦しくなって、私はそういう目になるんだ。というか、にな川って、目がどうとか、私のこと見ていたなんて。私の向こうのオリチャンしか見ていないと思ってたのに。〉
もっとも「オリチャンを見つめているにな川が好きだ」という整理の枠内にハツの気持ちが収まらなくなるときがある。臨界に達した局面でハツはにな川の背中を蹴る。そういう事態は二度起きるが、いずれもにな川の部屋でだ。一度目は、にな川の部屋の中で、ハツを目の前にしてオリチャンのラジオ放送を片耳イヤホンで熱中して聴いているときだ。
〈この、もの哀しく丸まった、無防備な背中を蹴りたい。痛がるにな川を見たい。いきなり咲いたまっさらな欲望は、閃光のようで、一瞬目が眩んだ。／瞬間、足の裏に、背骨の確かな感触があった。(略)
「ごめん、強く……叩きすぎた。軽く肩を叩こうとしたんだけど。もう帰るって、言いたくて。」ドアをノックするような手の動きを加えながら、嘘がすらすら口から出てきた。
「ほぼパンチくらいの威力だったよ、今の。」〉
瞬時に人を蹴るのも、すらすら嘘をつくのも、ハツに内在する悪が形になったからだ。
二度目は、暑い土曜日の晩、オリチャンのコンサートに、ハツ、絹代、にな川の三人で出かけたときのことだ。にな川はコンサート終了後、楽屋口での「出待ち」でオリチャンに無理矢理接触しようとして、スタッフに排除された上、今後、同様の行動をした場合は警備員に引き渡すと警告された。帰りの電車には間に合ったが、駅からの最終バスが出てしまったので、ハツと絹代はにな川の部屋に泊まることになる。楽屋口での出来事にショックを受けたにな川はベランダで寝る。ハツと絹代は一緒に寝る。

明け方にハツとにな川は、ベランダと部屋の境目に腰をかけて話をする。

〈「……あーあ。楽屋口で、おれ、暴走して、怒られて、ただの変質者だったな。」

そう独り言のように呟き、暗い目をして微笑む。

「オリチャンに近づいていったあの時に、おれ、あの人を今までで一番遠くに感じた。彼女のかけらを拾い集めて、ケースの中にためこんでた時より、ずっと。」〉

このにな川の告白は実に興味深い。にな川は、部屋の机の下に大きなプラスチックケースを置いている。ケースの中には、オリチャンに関する物品と情報が大量に保存されている。ファッション雑誌、Tシャツ、靴、菓子、アクセサリー、携帯ストラップ、衣類などとともに情報ファイルがある。

〈分厚い青いファイルには、ワープロできちんと活字にされた、オリチャンの詳細なプロフィールの紙、記事の切抜きなどが大量に挟んである。プロフィールには生年月日はもちろん、卒業した小中高専門学校名や行きつけの店、さらに実家の住所、手書きで描かれた部屋の間取り図などが、何枚にもわたって書き連ねられている。情報化社会って怖い。でも、やっぱりというか、当然というか、今現在のオリチャンの住所は載っていないし、もちろん男関係のことも分からない。これだけ情報が揃っているのに、肝心な所が抜け落ちている。〉

になな川がオリチャンに関連する物品や情報をいくら収集し続けても、現実のオリチャンを所有できるわけではない。にな川は、楽屋口でオリチャンに近づくことを試みて、挫折するという経験を通じて、この単純な真実を認識するのだ。こういう経験を繰り返すことで少年は大人になっていくのである。

ところで、ハツは、にな川の言葉の続きを待った。しかし、にな川は黙ってハツに背を向けて寝ころんだ。ハツの心で頭をもたげた悪の力が再び臨界点に達する。

〈川の浅瀬に重い石を落とすと、川底の砂が立ち上って水を濁すように、〝あの気持ち〟が底から立ち上ってきて心を濁す。いためつけたい。蹴りたい。愛しさよりも、もっと強い気持ちで。足をそっと伸ばして爪先を彼の背中に押し付けたら、力が入って、親指の骨が軽くぽきっと鳴った。

「痛い、なんか固いものが背中に当たってる。」

足指の先の背中がゆるやかに反る。

「ベランダの窓枠じゃない？」

にな川は振り返って、自分の背中の後ろにあった、うすく埃の積もっている細く黒い窓枠を不思議そうに指でなぞり、それから、その段の上に置かれている私の足を、少し見た。親指から小指へとなだらかに短くなっていく足指の、小さな爪を、見ている。気づいていないふりをして何食わぬ顔でそっぽを向いたら、はく息が震えた。〉

ハツは、彼女の足指を見つめているになな川を好きになり始めている。愛の始まりを予感させる。

内省する力

ハツには、高校生とは思えない内省する力があることが、以下の記述から浮き彫りになる。

〈認めてほしい。許してほしい。櫛にからまった髪の毛を一本一本取り除くように、私の心にからみつく黒い筋を指でつまみ取ってごみ箱に捨ててほしい。／人にしてほしいことばっかりなんだ。人にやってあげたいことなんか、何一つ思い浮かばないくせに。〉

新約聖書の「使徒言行録」でパウロが、〈あなたがたもこのように働いて弱い者を助けるように、また、主イエス御自身が『受けるよりは与える方が幸いである』と言われた言葉を思い出すようにと、わたしはいつも身をもって示してきました。〉（20章35節）と述べている。

これは罪を持つ人間は、本来、何も持たないが、イエス・キリストを信じることによって、他人に与えることができるものを得るという認識に基づいている。ハツは、「受けるよりは与える方が幸いである」という真実が、わかっている。それだから、他人に与えることができるものが何もない空虚な自分を救って欲しいと未知の誰かに対して訴えているのだ。

『ひらいて』や『大地のゲーム』で、より精緻な形をとって現れる悪からの救済を求める人間という世界的規模で通じる普遍的なテーマが『蹴りたい背中』に埋め込まれている。

豚の報い

又吉栄喜◉著

又吉直樹と通じる沖縄人の内的世界

（二〇一五年）七月十六日、又吉直樹氏が『火花』で芥川賞の受賞が決まった。この受賞を心から嬉しく思う。『火花』には、十以上の小説になる物語が埋め込まれている。人間の喜び、悲しみ、口惜しさ、優越感、狡さなど、あらゆる感情を、又吉氏は、芥川龍之介や太宰治に連なる正統的な近代日本文学の表現を踏襲し、書いている。『火花』の特徴は、マイノリティーとマジョリティーの視座が交替して、人間を立体的に描いているところにある。『火花』において、「売れない芸人」だった主人公の徳永は、成功して中心に入っていく。そうなると、却って、周縁にいる売れない先輩の神谷のことが気になる。性格の本質にマイノリティー性が染みついている徳永は、中心に近づけば近づくほど、より周縁の心情を深く知り、自己が引き裂かれそうになるのだ。このようなマイノリティーの内的世界をチェコ人のミラン・クンデラは『存在の耐えられない軽さ』、アルバニア人のイスマイル・カダレは『草原の神々の黄昏』、韓国人の李恢成は『伽倻子のために』において見事に描いている。『火花』におけるこのようなマイノリティーの視座は、又吉氏が芸人であるということとともにルーツを沖縄に持っているからではないかと思える。母親が沖縄人で、日に日に日本人よりも沖縄人であるという自己意識を強めている筆者には、『火花』の徳永が告白する内的世界が他人事と思えないのである。マイノリティーにとって、自らが感じている澱や襞をマジョリティーにも理解可能な言語で表現することは難しい。又吉氏は、『火花』において、マイノリティーとマジョリティーの視座を対比することによって、両者が理解できない現実を言語化することに成功している。それが端的に現れているのが、世田谷公園における紅葉しない楓をめぐる徳永と神谷のやりとりの箇所だ。

マイノリティーの孤独

〈「師匠、この楓だけ葉が緑ですよ」と僕が言うと、「新人のおっちゃんが塗り忘れたんやろな」と神谷さんが即答した。

「神様にそういう部署あるんですか?」と僕が言うと、

「違う。作業着のおっちゃん。片方の靴下に穴開いたままの、前歯が欠けてるおっちゃんや」と神谷さんが言った。／その語調には僅かな怒気が含まれているように感じられた。

「徳永、俺が言うたことが現実的じゃなかったら、いつも、お前は自分の想像力で補って成立させようとするやろ。それは、お前の才能でもあるんやけど、それやとファンタジーになってもうて、綺麗になり過ぎてまうねん。俺が変なこと言うても、お前は、それを変なことやと思うな。全て現実やねん。楓に色を塗るのは、片方の靴下に穴が開いたままの、前歯が一本欠けたおっちゃんや。娘が吹奏楽の強い私立に行きたい言うから、汗水垂らして働いてるけど、娘からは臭いと毛嫌いされてるおっちゃんやねん」

「そうですね」

そう、答えるしかなかった。

「新人の神様が塗り忘れた楓と、汚ないおっちゃんが塗り忘れた楓、どっちがより塗り忘れてる？　どっちがよりここにある？」

「確かに、おっちゃんです」

「せやろがい！」

「なんで、急にキレるんですか」

最後に怒ったふりをして、最初から怒ってなかったかのように見せていたが、自分の想像を途中で捻じ曲げられたことに対して神谷さんは本気で怒っていたのだと思う。〉

お笑い芸人は、一日中、生活のすべてを通じて常にどうすれば観客の笑いを取ることができるかについて考えている。笑いは、会話のちょっとした行き違いから生じる。差異を作り出す技法が、観客の笑いを取る鍵になる。それだから、徳永と神谷は、常に差異を作り出すコミュニケーションの訓練をしている。世田谷公園で、一本の楓だけが、緑色のまだ。周囲から取り残されている。徳永、神谷にとって、それは世間から取り残されている自分たちと類比的に思えたのであろう。徳永は、この差異のある楓から笑いを引き出す可能性があると咄嗟に思って、「師匠、この楓だけ葉が緑ですよ」と指摘した。これに対して、神谷は「新人のおっちゃんが塗り忘れたんやろな」と即答した。神谷の回答は飛躍が大きすぎる。これでは観客には理解が難しい。それだから、その隙間を埋めなくてはならないと徳永は考え、「神様」を持ち出した。これが神谷には面白くない。徳永のようなマイノリティーは自分の周囲で起きる理不尽な出来事を想像力で補っても理屈づけなくてはならないのである。それがマジョリティーである神谷には理解できない。神谷の怒りを前に、徳永は、自分が言いたいことを口にすることができない。マイノリティーである徳永が抱える孤独が、神谷にはどうしても理解できないのである。これは皮膚感覚の問題なので、理屈によって説得したり、訓練によって矯正できる事柄ではない。ここにマイノリティーの心情が、見事に表現されていると思う。

沖縄人の内的世界

筆者は、仕事で又吉氏と二度会ったことがある。筆者の問いかけに答えて又吉氏は、「僕はマイノリティーとマジョリティーの間を行き来しながら物事を見ている」と述べていたことが印象的だった。琉球語に「マブイ」という言葉がある。日本語の「魂」に相当するが、沖縄人はマブイを複数持っている（七つあるという説が有力だ）。子どもが木から落ちたり、事故に遭遇するとマブイを落とす。マブイを落とした人は元気がなくなる。大人でも、大きな事件や事故に遭遇すると、マブイを落とすことがある。そのときは、「マブイ込め」という儀式を行うことで落としたマブイを取り戻すことができる。又吉氏は、芸人、小説家、エッセイストなど数人分の仕事をこなしているが、それは又吉氏に複数のマブイがあるからだ。そして、マブイを落とさぬように、又吉氏は細心の配慮をしている。

受賞が決まった直後、過去の芥川賞受賞作に関する質問に答えて、又吉氏は、「初めて受賞直後に読んだのは、又吉栄喜さんの『豚の報い』（一九九六年第百十四回芥川賞）でした。中学三年のときです。ぼくも父親が沖縄なので、その雰囲気がわかる」と述べた。

『豚の報い』は、沖縄人の内的世界を見事に表現した作品だ。浦添市のスナック「月の浜」にある夜、食肉工場に運搬される途中の豚がトラックから逃げて乱入した。スナックには、経営者のミヨとホステスの暢子と和歌子、それに客で琉球大学一年生の正吉がいた。〈豚はさらに魂をなくしたかのように走り回った。女たちは「正吉さん、追っ払って」、

「早く、早く」と騒ぎ、豚はますます狂った。正吉は両手をひろげ、足を踏み鳴らし、しっしっと声を出しながら、豚を追い詰めた。豚は正吉の足元からカウンターの中に入った。「何なの！」、「誰なの！」と大声を出しながら女たちは逃げまどった。ミヨはすぐカウンターから出、暢子はカウンターの上にとびのった。和歌子はカウンターの隅に体をちぢめるようにしゃがんだ。豚は荒い鼻息をたてながら、大きな鼻をこすりつけるように和歌子の体の匂いを嗅いだ。和歌子は声にならない悲鳴をあげ、手足を激しく動かした。正吉は小さい丸い椅子をふりあげ、豚を威嚇した。しかし、豚は和歌子が気にいったかのように、体をのせかけようとした。正吉は椅子を豚の背中にふりおろした。〉

　こうして、豚を追い出すことには成功したが、この騒動で和歌子がマブイを落としてしまった。正吉は、マブイ込めの儀式を行い、和歌子は元気になる。マブイ込めは、通常、ユタと呼ばれる霊媒が行うが、正吉にはその才能があるようだ。女たち三人は、豚の乱入を凶事ととらえ、怯えている。正吉は、咄嗟に真《ま》謝《じゃ》島の御嶽《ウタキ》（霊場）に祈願して、凶事を避けることを提案する。真謝島は正吉の故郷で、パワースポットが多くある関係で、御嶽もたくさんある。もっとも、正吉は、真謝島に渡り、十二年前に漁に出たときに事故死した父を一族の墓に納骨することを考えている。この島の風習では、不慮の死を遂げた者は、十二年間、洞穴で風葬にされた後にしか一族の墓に入れることはできない。三人の女を連れ、真謝島に渡った正吉は、最終的に風葬された父の遺骨を拝む御嶽を即席で造る。

〈「ママ、スコップを見ただろう？　父の遺骨があったから御嶽を造ってきたんだ。俺は自分を救うのが精一杯だ。……この島には本物の御嶽がたくさんあるから、申しわけないけど、あなたたちのいいようにしてください」

「……私は正吉さんの御嶽を信じるわ。淋しくなった人が巡拝する御嶽よ」と和歌子が力強く言った。「信じない人は帰って。私ははるばる救われに来たのだから」〉

具体的な人間たちが作り出す信頼関係によってのみ人間は救われるのだ。人間に信頼を回復させるために、ニライカナイ（海の彼方にあると想定される異界。善いことだけでなく凶事をもたらすこともある）の目に見えないが確実に存在する力が豚に働きスナック「月の浜」に乱入したのだ。

不毛地帯

山崎豊子◉著

歴史の中で翻弄される人間を描き、戦後日本を凝縮した大作

数々のベストセラーを生み出した小説家の山崎豊子氏が、（二〇一三年）九月二十九日に八十九歳で逝去された。心から御冥福をお祈り申し上げる。八月から「週刊新潮」に「約束の海」の連載を始め、文字通り生涯現役を貫いた。山崎氏の作風は、ロシア文学と比較すると人間の心理と思想に深く斬り込んだドストエフスキーよりも、歴史の中で人間がどのように翻弄されていくかを描いたトルストイやパステルナークに近い。

山崎作品の中で最も感銘を受けたのが『不毛地帯』だ。シベリアの白い不毛地帯から始まり中東の沙漠の赤い不毛地帯で終わるこの作品に、戦後の昭和史が圧縮されている。元大本営作戦参謀で、十一年のシベリア抑留を経た後、近畿商事に入社し、ＦＸ（航空自衛

隊の次期主力戦闘機）商戦、日米自動車会社の提携、イランの石油開発で活躍する主人公の壹岐正を「昭和の参謀」と呼ばれた実在の人物と重ね合わせると、この作品の面白さが半減する。テキストだけを虚心坦懐に味わうことが重要だ。

この物語全体を通じて、壹岐の行動を規定するのはシベリアでの体験だ。特にハバロフスクの内務省（当時は秘密警察も内務省に所属していた）での予審判事シャーノフと壹岐のやりとりが迫力がある。

〈シャーノフは細い眼を光らせながら、詳細に聞き糺《ただ》したあげく、壹岐を暫《しば》く休憩させ、頻《しき》りにペンを動かしていたが、やおら、顔を上げると、

「大本営で作戦計画に関与したお前の罪は、ソ同盟刑法第五十八条四項の資本主義幇助罪に相当する、今日の訊問はこれまでにするから、署名しろ」

と調書を突き出した。

「それは納得できない、日本人である私が、資本主義国家である日本の国防のために遂行した行為に対して、ソ連の国内法を適用するなど荒唐無稽であり、国際法に違反する」

頑として云い張ると、シャーノフは、

「敗者に納得も、国際法もない！　何が正しいか、悪いかをきめるのは、ソ同盟だ！」

いきりたった声で、怒鳴りつけた。〉

一九五〇年代まで、左翼は、ブルジョア的な連邦国家を想起するソ連邦という言葉を忌

避し、共和国の自発的な同盟であるという建前を重視したソ同盟という訳語を用いた。取り調べは内務省の通訳を介して行われる。通訳は日本語でソ同盟という言葉を必ず用いる。また、ソ連で戦犯とされた日本人には資本主義幇助罪という理不尽な罪名がつけられることがよくあった。こういった細部の描写によって作品のリアリティが担保されている。

壹岐は、日本の愛国者で、ソ連当局と徹底的に対峙したというのが表の物語であるが、作品のところどころで「ほんとうにそうだったのだろうか」という別の声が聞こえてくる。例えば、イラン要人と壹岐がモスクワで会うことになったとき、社内のライバルである里井達也が、大門一三社長に対して行なった以下の報告だ。

公安からのメッセージ

〈里井は硬《こわ》ばりかける表情を抑え、

「社長は、スリーパーと呼ばれている連中のことをご存知ですか」

きらりと縁なし眼鏡を光らせ、鋭角的な顔を、大門に向けた。

「知らんな、それと壹岐君と何か関係があるんか」

「スリーパーというのは、シベリア帰りの中で、ロシア語に堪能な旧情報将校、満鉄調査部の調査マンなど、ハイ・レベルな地位、職務に就いていた人物の一部が、早期帰還、刑減量など、何らかの特赦を受けた際、その見返りとしてソ連の諜報活動に協力するという誓約書を書かされ、それを楯に取られて、今なおソ連のヒモ付きになっている連中のことですよ、またの名を〝まぼろし兵団〟とも云うらしいですがね」
さらに声を低めて云うと、大門は薄気味悪そうな顔をしながらも、
「まさか君、いまだにそんな機関が存在するはずがないやろう、ソ連に洗脳されたシベリア帰りの赤大根とか、スパイ協力者は、せいぜい昭和三十年代までの話とちがうか」
「ところが日本へ帰還してまで、マルクスの、レーニンのと、民主化運動をして騒いでいるのは、えてして単純な小者ばかりで、ソ連側にしても役にたたないから、シベリアで書かされた誓約書は自然消滅してしまうのですが、官庁、大企業、報道関係に入って、現役として力を持っている者に対しては、ソ連側は執拗にマークし続け、巧みに接触を保っていますよ、接触されている当人は、それぞれ重要なポストに就いている者たちばかりですから、周囲に知れるのを怖れ、深く潜行して協力していますから、眠れるスパイ、即ちスリーパーといわれる所以なんですよ」
「ふうむ、俄《にわ》かに信じ難いスリラーもどきの話やな」
「ところが、わが社も共産圏との取引がますます増えて来ていますから、私自身、公安関係者とは定期的に会い、情報を仕入れているのですよ、つい最近も公安の対ソ情報の権威といわれる人物と会食した折、ラストボロフ事件で取調べを受けたことのあるシベリア抑留者が、名前は明らかに出来ないが、某商事会社の尖兵となって、ソ連の油田や天然ガス

開発を盛んに画策していると聞かされ、ぞっとしましたよ」

里井が、身震いするように云うと、大門もいつしか、体を乗り出した。

そういえば、満州国境に近いソ連のジャリコーウォで関東軍の秦総参謀長と壹岐とで行ったソ連極東軍総司令官ワシレフスキー元帥との停戦交渉の内容が奇妙だ。日本側の要請に対してワシレフスキーは、〈一般居留民の保護、早期帰還は人道上、当然のことで、わが国も全力を尽すつもりである、しかし最後の日本将兵の満州抑留は呑むことは出来ない、日本軍は武装解除後、満州におけるソ軍の占領が終了するまで、一時、ソ連領へ抑留する〉と答えた。この条件に秦も壹岐も抵抗していない。日本将兵のソ連領への連行を認めれば、それがシベリアでの抑留、強制労働につながることは、当然、想定できる事態だ。ここから、秦と壹岐がシベリア抑留を認める言質をソ連側に与えたのではないかという疑惑が浮上する。

公安警察は、意味のない謎かけはしない。対ソ情報の権威といわれる人物が里井に〈ラストボロフ事件で取調べを受けたことのあるシベリア抑留者が、名前は明らかに出来ないが、某商事会社の尖兵となって、ソ連の油田や天然ガス開発を盛んに画策している〉という話をするのは、「おたくの会社にも、同じようなことをしている人がいるんじゃないでしょうか。公安警察としては壹岐正さんの動静に、重大な関心を持っています」というメッセージである。ちなみにこのような疑惑がかけられた場合、いちばん上手な身の守り方は、時の政権の有力者の側近になることだ。特に首相のアドバイザーになれば、首相の指揮下にある公安警察は、標的になる人物の動静調査は続けるにしても、摘発はできない。

社長との対決の影に

大門も壹岐を完全に信用していたわけではない。老いた大門はときどき経営判断を誤るようになった。ソ連棉《めん》の相場に手を出して、四十六億円の赤字を出す。イランの油田開発が成功した機会に、壹岐は大門に勇退を迫る。大門は激昂する。

〈「黙れ！　お前の本性はもう見たわ、いつまでたってもお前の体には、一銭五厘で召集した人間を、大本営命令という紙切れ一枚で何万、何千と殺して平気でおられる参謀の血が流れてるのや、ライバルやった里井を放り出させ、伊原に進退伺を書かせ、わしの階段を全部、はずしたつもりやろが、お前などに計られんぞ！」

体を震わせ、壹岐を面罵《めんば》した。壹岐は視線をそむけたまま、面罵に耐えた。だが、理性を失った大門は、

「十一年間のシベリア抑留も、思い出すのも厭やと云うてるけど、その調子で日本軍が使うてた対ソ作戦用の白系露人のスパイを売り、ロスケを思うさま懐柔して、ぬくぬくと暮してたんやないのか、お前みたいな奴は、明日から出社に及ばず！」

顔面を朱奔《しゆばし》らせて云った。〉

いくら理性を失っても、腹で思っていない事柄が口に出ることはない。大門も、壹岐がソ連当局と何か取引をしたのではないかと疑っているのである。山崎氏は、壹岐を私心がない、組織のことだけを考える人間であるという形で、幕引きをする。

〈「社長、何卒、ご英断下さることをお願い致します」

壹岐は上衣の内ポケットから白い封書を取り出し、机の上に置いた。『辞表』としたためられている。大門の顔色が、変った。

「壹岐、まさか……本気か……」

今の今まで、壹岐が、社長の座を取って替ろうとしているとばかり思い込んでいた大門は、呆然とした。

「社長、どうかご受理下さい、社長が勇退された社に、私が残ることなどあり得ようはずがございません、同道させて下さい」

「壹岐、君は、自分の一身を賭してまで、わしに退陣を勧めるのか」

大門は呻くように云い、なお心の葛藤と闘うように長い重苦しい沈黙が続いた。不意に大門の体がぐらりと揺らいだ。

「会社は、あと、どうなるのや」

「組織です、これからは組織で動く時代です、幸いその組織は、出来上っております」

壹岐は入社時、大門から大本営参謀として持っている作戦力と組織力をわが社に生かしてほしいと求められたのだった。

「そうか、あとは組織か……」

大門は、今はここまでと覚悟を決めるように云い、窓辺へ歩いて行った。

「社長……」

壹岐は、唇を噛みしめた。〉

大門は社長を退き、相談役になり、壹岐は、近畿商事の副社長を辞す。そして、長期間、シベリアに抑留された人々の親睦団体である朔風会の会長になり、シベリアでの墓参と遺骨収集の協議を行うためにソ連に渡る。

壹岐は、最後にすべてのキャリアを投げ捨てて、シベリアで倒れた戦友のために残りの人生を捧げるというのが素直な読み方なのであろう。他方、里井の囁きを補助線にするならば、壹岐は、墓参と遺骨収集という人道目的を掲げ、ソ連当局と自然に接触する口実を作っていると見ることもできる。優れたテキストは、このように複数の解釈を可能にするのである。

毎日が日曜日

城山三郎◉著

企業小説は四十五年後、歴史小説となった

一九六〇年代から七〇年代初頭の日本の高度経済成長を支えた総合商社員の生態を描いた作品だ。総合商社内の人間関係、インドネシアや中南米での新規事業開発のエピソード、日本語がよく話せず、日本文化に馴染めない帰国子女問題などが盛り込まれている。この作品は、七五年に『読売新聞』朝刊に連載され、翌七六年に新潮社から単行本として刊行された。当時の読者にとっては、近過去の出来事としてリアリティーがあったと思う。ただし、それから約四十五年経った現在の日本人にとっては、むしろ歴史小説としての意味を持つ作品と思う。

「毎日が日曜日」という言葉には、二つの意味がある。第一は、閑職に追いやられるとい

うことだ。本書の主人公である沖がそうだ。この小説は、沖が扶桑商事の京都支店長に赴任するところから始まる。東京駅のホームに家族と職場の同僚が見送りに来る。同期で出世レースの一歩先を進んでいる十文字が一発かませてくる。

〈「沖君、京都へ行けば、毎日が日曜日だな」

声には、冷ややかなひびきがあった。社内では毒舌家で通っている十文字である。それにしてもと、気色ばむ沖に、十文字は、

「支店長として勇躍赴任しようとするきみに、まるで水をかけるようなことといって、失敬」

詫びた形だが、そこでまた、にやりと笑って、くり返した。

「けど、ほんとに、そうなんだ。毎日が日曜日のようなもんだ」（中略）

「まず、仕事の量だ。本社や海外支店にくらべりゃ、問題にならん。その証拠に、総合商社で京都に支店を置いてる店は、数えるほどしかないからな」

沖は黙った。和代も、少しふくれている。夫をけなすとは何事と、とたんに沖の味方になっていた。すかさず、十文字はその和代の顔にも浴びせかけた。

「奥さんを前にしてわるいけど、あの支店の実質は、出張所なみか、それ以下。不況のたびに、閉鎖のうわさがちらついてきた店ですよ」〉

現在のビジネスパーソンならば、十文字のようなことを言えば、相手との関係は決裂するだろう。しかし、この作品では、互いにきついことを言いつつ戦友のような関係が続い

ている。こういうきついやりとりは、企業戦士の「じゃれあい」なのだと思う。さらに総合商社での「忙しい」「暇だ」というのは、主観的な評価で、京都支店長は、社長や重要な取引先の接待、相談役（前社長）の世話、関連企業の労使交渉など神経をすり減らす仕事がたくさんある。さらに沖は自らの発案で十万頭養豚プロジェクトに取り組む。休みなしで一年中、早朝から深夜まで仕事に追われる状況を作り出すというのが総合商社員の文化なのだ。

致死量の睡眠薬

ちなみに扶桑商事でのキャリアシステムは次のようになっている。

〈扶桑商事では、大学卒は八級職で入社する。そして、十五年間は競争はおあずけ。同期は一斉に昇格し、十五年目に全員、六級職に達する。そこで、ヨーイ、ドンのピストルが鳴り、はげしい実力競争がはじまる。業績抜群の者は、A級部長である一級めがけて級をかけ上って行くのに対し、落伍者はいつまで経っても、その六級のままで、五十七歳の定年を迎える。／四級職とは、小支店の支店長か出張所長、本社のC級課長などに相当する身分である。四十八歳で四級職という沖の場合、まず可もなく不可もない行程といえた──。〉

基本的にこのキャリアシステムは、総合商社や中央官庁で現在も続いている。

第二の「毎日が日曜日」の意味は、定年後、定職に就かず、仕事をせずに生きるという選択をした人だ（因みに当時、週休二日制は導入されておらず、土曜日も半日は勤務していた）。この作品では、「ウー、ウー」と唸っているばかりで決断力がないので、ウーさんというあだ名で呼ばれる笹上だ。笹上は離婚し、二人の子どもがいる。長男はアメリカ、長女はタイに住んでいて、父親のもとには寄りつこうとしない。笹上は、五級職で五十七歳の定年を迎えたのだから、会社から戦力と見なされていなかった人物だ。現在ならば、こういう人物は早期退職勧奨の対象になると思うが、当時はどんな社員であっても、犯罪でも犯さない限り定年まで面倒を見るというのが日本の企業文化だった。もっとも笹上は、したたかな人間で、小さな貸し店を四つ持っていて、その家賃で定年後は暮らしていける態勢を整えてある。さらにワンルームマンションを購入し、そこでアメリカ式の生活をしている。扶桑商事の仕事は最低限だけこなし、蓄財に努めたからこのようなことが可能になったのだ。

笹上は沖のかつての上司だ。沖夫妻の仲人で、息子の名付け親でもある。

定年の日、笹上は沖を、自分が貸す居酒屋と立ち食いそば屋に案内した後、自宅のワンルームマンションに連れて行く。狭い部屋には動物のフィギュアやぬいぐるみがたくさんある。そこに洋服ダンスと間違えるようなアメリカ製の大型冷凍冷蔵庫がある。笹上からこの冷凍冷蔵庫を設置した理由を聞き沖は驚愕する。

〈「死ぬとき、あそこへ入るんだ」

沖は、えっ、といっただけで、あとが出ない。およそ、予想もしない用途であった。笹上の顔を見守りながら、急いで、もう一杯、バーボンを注ぎ、次の言葉を待った。（中略）

「おれは、断じて長生きするつもりだ。でも、人間、いつか、死ぬときが来る。おれにだって、意外に早く来るかも知れん。そのときの用意なんだ」（中略）

「おれは、だれの世話もしない代りに、だれの世話にもなりたくない。世話になる資格のないことが、おれには、わかっている。だから、だめとわかったら、ひとの厄介にならぬうちに、きれいに死んでしまいたい」

「しかし、そんなにうまくは……」

「うまく行くさ。そのための用意だ」（中略）

「致死量の睡眠薬を備えてある。それをのんで、それから、バーボンを思いきりのむ。ふだん節酒しているおかげで、ぐんと効くはずだ。その酔いつぶれた勢いで、冷蔵庫の中へ入る。前後不覚、そのままで、おしまい。おれは、きれいに死ねるわけだ」

笹上は、静かだが、腰の強い口調でいった。／沖は、笹上の顔を見守るばかりであった。あまりに意外な話なので、うまく返す言葉もなかった。なるほど、という思いと、それにしても、という思いが交錯する。きれいな死に方のようである。だが、なぜ、ごていねいに、冷蔵庫入りまでしなくてはならぬのか。ベッドの上で服毒しても、目的は達せられるはずだ。／だが、その疑問を、笹上の次の言葉が、といてくれた。
「クスリをのむ直前、おれは、バンコックの令子と、サンノゼの武男に、電報を打つ。電文は、子供たちと打ち合わせずみだ。『スベテ　オワリ　チチ』とだけ打つ」〉
きれいに消えてしまうならば、船に乗って公海上で身を投げるとか、火山の火口に身を投げるという選択肢もある。しかし、笹上は死体になった後ででも、子どもと会いたいのだ。定年後、「毎日が日曜日」で、気ままに生きているように装っても、内心においてはとても寂しいのだ。この作品では、企業戦士として仕事だけに取り組んでいるように見えても、そういう男たちは、本質において寂しいのだという雰囲気が行間から伝わってくる。沖の長男の忍（忍という名は笹上がつけた）が、交通事故で右足を切断する事態になったとき、笹上は懸命に看病する。これは野次馬的好奇心を満たすことであるという独白を笹上にさせつつも、沖家族のために何かしたいという、家族を崩壊させてしまった笹上の想いが行間から伝わってくる。城山三郎氏の作品の特徴は、書きすぎないことである。その結果、行間から、登場人物が意識していない深層心理が伝わってくる。

本質は兵隊なのだ

作品の最後で、相談役の金丸が忍の見舞いに虎の毛皮をトラック便で送ってくる。礼の電話を沖がすると、こんな返事が返ってきた。

〈「和地君（＝社長。引用者註）も、きみのことを心配しとった。きみのようにまじめな兵隊が、多勢居らんと、うちの会社、いや、日本は保《も》たんのやからな」

沖の胸にこたえる言葉であった。社長までもと、深いところから慰められた気もするし、一方、（しょせん、おまえは将軍や参謀の器ではない。多勢の兵隊の一人でしかない）と、きめつけられた形でもある。〉

総合商社だけでなく、大企業、中央官庁でも、トップに上り詰めるごく一部の人を除いて、仮に役職がついていても、本質は兵隊なのである。私事に渉って恐縮だが、筆者の父は都市銀行につとめていた。技師だったので転勤は少なかったが、毎日帰宅は零時前後で、三日に一度は宿直をしていた。日曜日は、くたくたで朝寝をしていたかったと思うが、私と二歳年下の妹を動物園や観光地によく連れて行ってくれた。父の仕事について私はほとんど知らないが、企業戦士の一人として『毎日が日曜日』に出てくる兵隊のように、自分の限界まで仕事をしていたのだと思う。

塩狩峠

三浦綾子◉著

他者の力によって、われわれは生かされている

『塩狩峠』は、三浦綾子氏の代表作だが、元になった出来事があるという。塩狩峠は天塩と石狩の間にある険しい峠だ。宗谷本線が通っている。一九〇九年二月二十八日の夜、塩狩峠にさしかかった上り列車の最後尾客車の連結器が外れ、後退をはじめた。偶然乗り合わせていた鉄道職員の長野政雄が線路に身を投げ出して下敷きになることによって客車を止め、乗客は救われた。長野政雄は旭川六条教会に所属するプロテスタントのキリスト教徒だった。

三浦綾子はこの話に触発され、日本基督教団出版局が刊行する月刊誌「信徒の友」にこの小説を連載した。「信徒の友」は神学者や牧師などキリスト教神学の知識をもっている人たちではなく、一般の信者を対象にした雑誌で、内容もわかりやすい。
三浦氏は、長野政雄の犠牲死に触発され、『塩狩峠』において永野信夫という人物を創る。永野は東京生まれで、十歳まで祖母のもとで育つ。キリスト教徒の母が祖母と仲が悪く、家を飛び出してしまったからだ。祖母の死後、母といっしょに暮らすようになったが、キリスト教については違和感を持ち続けた。永野には小学校時代からの親友の吉川修がいる。吉川に勧められ、北海道の鉄道会社の事務職として勤務するようになる。吉川には、ふじ子という妹がいる。ふじ子は、足に障害があり、肺病にかかっている。永野はふじ子に好意を寄せる。そのときに吉川から、ふじ子がキリスト教徒だということを告げられる。そこでもう一度、キリスト教について真剣に考える。結局、永野は洗礼を受けて、キリスト教徒になる。永野はふじ子に求婚し、ふじ子もそれを受け入れる。そして、結納のために札幌に向かう途中、塩狩峠で命を終えることになった。
〈汽車はいま、塩狩峠の頂上に近づいていた。この塩狩峠は、天塩の国と石狩の国の国境にある大きな峠である。旭川から北へ約三十キロの地点にあった。深い山林の中をいく曲がりして越える、かなりけわしい峠で、列車はふもとの駅から後端にも機関車をつけ、あえぎあえぎ上るのである。（中略）
「このあたりは、なかなかひらけませんな。虎雄なんかは、札幌から出たことがないんで、一度このあたりも見せてやらなくちゃあ」

「虎ちゃんには、ぜひ会ってみたいですねえ」

汽車は大きくカーブを曲がった。ほとんど直角とも思えるカーブである。そんなカーブがここまでにすでにいくつかあった。

「ありがとうございます。坊っちゃま、虎雄がどんなに……」

六さんがこう言いかけた時だった。一瞬客車がガクンと止まったような気がした。〉

ここの「六さん」とは、信夫が東京にいたころに永野家に出入りしていた小間物屋の六造だ。信夫の父は、日本銀行につとめていたので、当時のエリートだ。虎雄は六造の息子で、信夫の幼友達だ。六さんも虎雄も作品の冒頭で出ている人物だ。現実の世界で、死の直前にこのような出会いがあるとは考えがたい。この部分は、三浦氏の創作なのであろう。

仏教とキリスト教の二項対立

電車とくらべ、機関車に引かれた客車は、停まるときと動くときにガクンと大きく振動する。このガクンという音と衝撃の後、舞台が転換する。こういう舞台転換の描写を三浦氏は見事に描く。

〈が、次の瞬間、客車は妙に頼りなくゆっくりとあとずさりを始めた。体に伝わっていた機関車の振動がぷっつりととだえた。と見る間に、客車は加速度的に速さを増した。いままで後方に流れていた窓の景色がぐんぐん逆に流れていく。／無気味な沈黙が車内をおおった。だがそれは、ほんの数秒だった。

「あっ、汽車が離れた！」

だれかが叫んだ。さっと車内を恐怖が走った。

「たいへんだ！　転覆するぞ——！」

その声が、谷底へでも落ちていくような恐怖を誘った。（中略）

六さんが目をしっかりとつむって、念仏をとなえた。信夫は事態の重大さを知って、ただちに祈った。どんなことがあっても乗客を救い出さなければならない。いかにすべきか。

「ナムマイダ、ナムマイダ……」

信夫は息づまる思いで祈った。〉

六さんは、「ナムマイダ」と念仏を唱えるのだから、浄土宗か浄土真宗の信者なのだろう。信夫もキリスト教の神に祈る。しかし、祈るだけで現実は変化しない。ここで、信夫は客車を停めようと現実的な行動をとる。多分、念仏をとなえるだけの仏教徒と行動するキリスト教徒の違いを三浦氏はここで二項対立にして強調したかったのだと思う。このあたりが、この小説の中でキリスト臭が鼻につくところだ。

〈その時、デッキにハンドブレーキのあることがひらめいた。信夫はさっと立ち上がった。

「皆さん、落ちついてください。汽車はすぐに止まります」

壇上で鍛えた声が、車内に凛とひびいた。

「三堀君、お客さんを頼む」

　興奮で目だけが異様に光っている乗客たちは、食いつくように信夫のほうを見た。だがすでに信夫の姿はドアの外であった。／信夫は飛びつくようにデッキのハンドブレーキに手をかけた。信夫は氷のように冷たいハンドブレーキのハンドルを、力いっぱい回し始めた。／ハンドブレーキは、当時の客車のデッキごとについていた。デッキの床に垂直に立った自動車のハンドルのようなものだった。／信夫は一刻も早く客車を止めようと必死だった。両側に迫る樹々が飛ぶように過ぎ去るのも、信夫の目にははいらなかった。／次第に速度がゆるんだ。信夫はさらに全身の力をこめてハンドルを回した。わずか一分とたたぬその作業が、信夫にはひどく長い時間に思われた。額から汗がしたたった。かなり速度がゆるんだ。／信夫はホッと大きく息をついた。もう一息だと思った。だが、どうしたことか、ブレーキはそれ以上はなかなかきかなかった。（中略）／信夫はこん身の力をふるってハンドルを回した。だが、なんとしてもそれ以上客車の速度は落ちなかった。みるみるカーブが信夫に迫ってくる。再び暴走すれば、転覆は必至だ。次々に急勾配カーブがいくつも待っている。たったいまのこの速度なら、自分の体でこの車両をとめることができると、信夫はとっさに判断した。一瞬、ふじ子、菊、待子の顔が大きく目に浮かんだ。それをふり払うように、信夫は目をつむった。と、次の瞬間、信夫の手はハンドブレーキから離れ、その体は線路を目がけて飛びおりていた。

客車は無気味にきしんで、信夫の上に乗り上げ、遂に完全に停止した。〉
客車の車輪に轢断され、信夫の身体は切り裂かれた。雪の上に真っ赤な血が飛び散る。

信夫の犠牲の血

〈誰かが叫んだ時、不意に泣き出す女がいた。つづいて誰かが信夫のことを告げた時、乗客たちは一瞬沈黙し、やがてざわめいた。ざわめきはたちまち大きくなった。バラバラと、男たちは高いデッキから深い雪の上に飛びおりた。真っ白な雪の上に、鮮血が飛び散り、信夫の体は血にまみれていた。〉

信夫が流したのは犠牲の血だ。キリスト教の聖餐式でワインを飲むのは、わたしたちのために犠牲になったイエス・キリストの血を思い出すためだ。信夫の血はイエス・キリストの血と類比的にとらえられる。ここで信夫がキリスト教信仰の故に自己犠牲的な決断をしたととらえると、神学に文学を吸収させてしまうことになる。そうなると『塩狩峠』は、文学の形態をとったキリスト教の説教になってしまう。むしろ、信夫は危機に直面して、自己犠牲を決断したのではなく、とっさに身体が動き出したと解釈した方が現実に近いと思う。信夫には、決断する余裕などなかった。思想即行動、行動即思想なのである。三浦綾子は、信夫をキリスト教の贖罪のコンテキストで描くが、ここで特定宗教の枠をはめない方が事柄の本質がよくわかる。信夫が日本人としてのまこと心の発露で線路に飛びおりたと解釈してもいい。

信夫の母、菊がふじ子への手紙にこう記す。

〈信夫の死は母親として悲しゅうございます。けれどもまた、こんなにうれしいことはございません。この世の人は、やがて、誰も彼も死んで参ります。しかしその多くの死の中で、信夫の死ほど祝福された死は、少ないのではないでしょうか。ふじ子さん、このように信夫を導いてくださった神さまに、心から感謝いたしましょうね……〉

菊の手紙の「神さま」をキリスト教の神でなく、「仏」あるいは「八百万の神々」と言い換えても、意味は通じる。他者は人間にとって謎である。その他者の力によって、われわれは生かされているという現実を三浦氏は『塩狩峠』で見事に描いているのである。

さらばモスクワ愚連隊

五木寛之◉著

作家の嗅覚がキャッチしたソ連官僚の内的世界

一九八〇年代後半、ゴルバチョフ・ソ連共産党書記長がペレストロイカ（改革）政策を開始するまで、ソ連は外国人に対してほとんど閉ざされた国家だった。外国人が訪問できる都市は限定されていた。ソ連崩壊後は、簡単に訪問できるようになったウラジオストクやユジノサハリンスクに外国人は立ち入ることすらできなかった。特にウラジオストクは軍港がある関係で、一般のロシア人も訪れることができない閉鎖都市だった。

ソ連を旅行するときには、インツーリスト（ソ連国営旅行公社）と提携した日本の代理店から、航空券もしくは船舶券、鉄道券、ホテルの予約のみならず、空港や駅からホテルまでのタクシーと出迎え人、さらに一都市三時間の観光ガイドを雇う契約をし、かかる費用を全額振り込まなければビザ（査証）が発給されなかった。それでもソ連経由で、ヨーロッパに出る旅行は人気があった。当時は、格安航空券が普及していなかったので、横浜から二泊三日かけてソ連船でナホトカに渡り、そこから夜行列車でハバロフスクに行く。ハバロフスクからアエロフロート（ソ連航空）国内線でモスクワに渡る。そこから、国際列車でヘルシンキやパリに移動するというのが、もっとも経済的な旅行だった。一九七〇年代の初めまで学生のヨーロッパ旅行は、ほとんどソ連経由だった。

筆者も一九七五年、高校一年生の夏にソ連・東欧を旅行した。行きは、当時出始めた格安航空券を使って、エジプト航空でカイロを経由しチューリヒに出て、その後、列車でプラハに入った。帰路はソ連の中央アジア経由で、ハバロフスクからは、シベリア鉄道でナホトカに出て、ソ連船「バイカル号」で横浜に着いた。『さらばモスクワ愚連隊』を読むと、日本の若者にソ連旅行が意外と身近だったあの頃の記憶が甦ってくる。この小説は、当時の日本人の旅心を刺激した。筆者の手許にあるのは一九七二年刊行の二十二刷だ。五木氏のデビュー作で、小説現代新人賞を受賞したこの小説（一九六七年刊行）がベストセラーであったことがわかる。

主人公の私は、興行師だ。大学を辞めた後、プロのジャズ・ピアニストとして売れていた。学生時代の友人の森島は、私と同様に学費未納で大学を抹籍された。その後、彼は労働組合の専従になったが、あるとき株屋に転身した。

〈お互に三十代にようやく踏みこんだばかりだった。そのくせ二人とも、すでに高価なダブルの背広がすっかり身についた感じの男になっていた。彼の名刺には、日ソ芸術協会理事という肩書きまであった。

「お前のことはよく聞いてるよ。呼び屋としちゃ一流だそうじゃないか」

と森島は私の名刺をひねくり回しながら言った。「そこで少し頼みがあるんだ。まあ、どこか静かな場所でゆっくり話そう」

彼は私を四谷の古い名の通った家へ連れて行った。そして、そこで森島はいささか毛色の変った話をもち出したのである。／ソビエトで日本のジャズ・バンドを呼びたがっているんだが、と彼は切りだした。／日ソ芸術協会は昨年設立以来、日本のアーチストをソ連に紹介する仕事をつづけてきた。古典芸能や民族舞踊、また合唱団などの公演も手がけてソ連各地で非常な好評を博している。だが今度の、ジャズを送れという注文には正直言って頭を抱えているところだ。何しろ全く畠ちがいの代物だけに見当がつかない。／そこで、と森島は私を挑むような微笑で見つめながら言った。「窓口は俺の協会扱いということで、どうかね」

「実質的なプロモートを頼む、というわけか」

私はぼんやりと庭を眺めながら言った。〉

筆者もソ連時代、モスクワの日本大使館に勤務した経験がある。共産圏外交で、文化交流には特別の意味がある。政治、経済の関係が悪いとき、文化交流という名目で、関係の悪化を防ぐのだ。ソ連政府で外国人と接触する文化官僚は、本籍がＫＧＢ（ソ連国家保安委員会、スパイや反体制派などを監視する部門）にあることを隠している偽装職員が多かった。

私はこの仕事を引き受け、日本大使館の白瀬二等書記官の助けを借りて、文化官僚と接触する。交渉はほぼ成立した。白瀬は、ジャズマン時代の私のファンだった。人懐こいところと冷たい官僚の要素が並存している。妻と娘がストックホルムに買い出しに出かけているので、白瀬しかいない住宅に私は招待される。そこで白瀬は、私のレコードをかける。〈私の横に並んで寝転びながら、彼は煙草に火をつけて喋りだした。「東大受験にはじまって外交官試験におわる青春。そんなサブタイトルをつけたくなるような学生時代でしてね。登山もスキーも、ダンスもヨットも、全く関係なし。もちろん恋愛や学生運動も敬遠しました。わたしは天才じゃなくて地方出身のありふれた秀才に過ぎませんでしたからね。だけど、たったひとつ、誰も知らないわたしの道楽があったんです。何だと思います？」

「さあ」

「それはね、深夜放送の受験講座と宣教番組にはさまれた、十分間のあなたの番組だったんですよ。夜中に下宿の部屋でね、その時間になると本を閉じてイヤホーンを耳に差しこむんです。まあ、センチな言いかたですが、それだけがわたしの青春だったと言えるかも知れません」

「ブルースの誕生」

と私が言った。「あれは悪くない番組でしたね。自分で言うのも変だけど」〉

もっとも白瀬は、単なる善人ではない。〈派閥の流れの中で、何とか溺れずに対岸へたどりつこうと苦慮してる官僚の中のエリート〉でもある。こういう外交官は確かにいる。恐らくモデルになったのは、その後、駐露大使をつとめたT氏と思う。この人は、ロシア語が抜群にうまく、冷戦期にソ連を担当したが、ロシア人が好きで、政治、経済が停滞しているならば文化で何とか関係を改善しようと努力して、日本映画祭を行ったり、植物園に日本庭園を造ったりした。ちなみに鈴木宗男事件で筆者が東京地検に逮捕されたとき、この人も検察に呼ばれたが、鈴木氏や私に不利になることや悪口を一言も言わなかったことを、後に供述調書で知って筆者は胸が熱くなった。五木氏は、モスクワに出張した際に、もっとも良質の外交官と知り合ったのだ。そのことがこの作品を産み出した。

私は、ボリショイ劇場のそばで不良少年のミーシャと知り合う。そして、外国人が訪れない「赤い鳥」というライブハウスで闇屋や良家の少女エルザ、マスメディアでは伝えられないロシア人の姿に触れる。ちなみに本書が出てから、「赤い鳥」のモデルになった「青い鳥」は、日本人観光客の主要な訪問先になった。角川文庫版（一九七九年）には、「青い鳥」で五木氏がミーシャたちと写っている写真が掲載されている。確かに、不良タイプだ。ただし、人懐こい目をしている。この小説に出てくるゲルツェン通り、ホテル・ナショナル、レストラン・アラグビは、筆者にとっていずれも懐かしい場所だ。ホテル・ナショナルの外貨バーは、KGBが西側外交官や新聞記者をハニートラップで籠絡する場だった。アラグビは、スターリンが愛したジョージア料理の店だ。

ミーシャの兄でモスクワ大学に通うユーリイは弟が不良生活から抜け出すように働きかける。私にもミーシャと接触しないでくれと頼む。ある日、私と白瀬らが「赤い鳥」でブルースの共演をする。その見事な演奏を聴いて、ユーリイもミーシャに好きなことをやらせた方がいいと思うようになる。しかし、その翌日、白瀬から、日ソ関係を推進しようとしていた大物政治家が死去したため、日ソ芸術協会の解散が決まり、ソ連で日本のジャズ公演を行うという計画も白紙に戻ったことを知らされる。モスクワを発つ前に私はミーシャに服や靴を渡そうと思い、彼がよく立ち寄る競馬場に寄ったが、そこで、ミーシャが逮捕されて、トルーダヴァヤ・カローニア（少年院）に送られたことを知る。ゆうべの夜中、楽譜の闇屋が、ミーシャが好意を寄せるエルザに「妙な真似をしかけた」。かっとなったミーシャは闇屋の首をナイフで刺したので逮捕されたのだ。破滅型の結末であるところもこの小説の魅力なのだろう。

十分には書き込まれていないが、筆者が気になったのは、ソ連対外文化交流委員会のダンチェンコ第三部長だ。ソ連の公式イデオロギーに従って、ダンチェンコは、ジャズはまともな音楽でない、娯楽に過ぎないと言う。私が芸術的音楽とは何だと挑発するとダンチェンコはピアノでショパンの曲を見事に弾く。

〈その時、私を椅子から立ちあがらせたものは何だったろう。気がついた時には、私はもうピアノの前に坐って「ストレインジ・フルーツ」をイントロなしで弾きだしていた。（中略）／その時、私はなぜか引き揚げ船の甲板から見た、赤茶けた半島の禿げ山の事を思い出した。ほこりっぽい田舎道と、錆びたリヤカのきしむ音がきこえてきた。十三歳の夏の日。（中略）／いつ弾き終えたのか、私は強い疲労を感じながら鍵盤の上の自分の指を、ぼんやり見つめていた。部屋はしんと静かで、窓から差しこむ日光が床に幾筋か縞模様を作っている。

「それは何という曲ですか？」

背後でダンチェンコ部長の声がした。

「黒人のブルースです」

と私は言った。「これは何でしょう。芸術的音楽でしょうか、それともボリショイ劇場ではやれない娯楽的音楽でしょうか」

私は振り返って部長を眺めた。そして、この頑強な男が涙を流しているのを見てひどく驚いた。

「それはジャズの一種ですね」

と彼はハンカチを取りだしながらきいた。

「そうです」

ダンチェンコ部長はハンカチをしまうと無言でドアに歩みより、部屋を出て行きながら振り返って言った。

「それは娯楽的音楽です。では、また」〉

ＫＧＢ職員であるダンチェンコは、共産党の公式路線と異なる発言はできない。しかし、「奇妙な果実」を聞いて魂が揺さぶられている。こういうロシア人たちが、一九八〇年代末から九〇年代初頭にかけてソ連崩壊で重要な役割を果たす。五木氏には、官僚の内面世界をとらえる類い希な嗅覚がある。

万延元年のフットボール

大江健三郎◉著

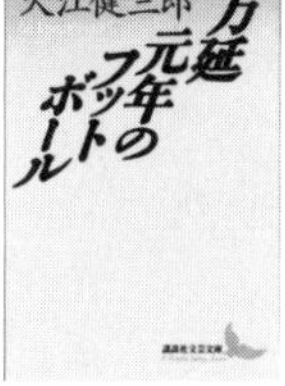

非転向者と傍観者——六〇年安保の総括

優れた小説は複数の読み方ができる。本書には実に多くのテーマが盛り込まれている。具体的には、近親相姦、障害者問題、性的倒錯（特にマゾヒズム）、摂食障害（過食）、夫婦間における相互理解の難しさ、不倫、兄弟の葛藤、日本人の霊性、在日朝鮮人問題、黒人問題、恥の文化などだ。これらのテーマを一つの小説に組み込んでも構成に破綻を来していない。大江健三郎氏の天賦の才がなければこのような作品はできない。筆者はこの小説を一九六〇年安保闘争の総括として読んだ。そこでは、政治と人間という古くて新しいテーマが扱われている。

万延元年の一揆と安保闘争

根所蜜三郎（二十七歳）が、この物語の語り部の役を果たす。妻・菜採子との間に重い知的障害を抱える子どもが生まれたので、その子どもを施設に預ける。蜜三郎は無気力になり大学講師の職を放り出し、菜採子はアルコール依存症になる。

蜜三郎には、鷹四という弟がいる。鷹四は安保闘争に加わるがそこで奇妙な行動をとった。鷹四の崇拝者である星男がその事情についてこう述べる。

〈「六月のデモのとき、鷹は、ひとりだけ、他の連中とすっかりちがうことをやったよ。それを、あんたは知らないからね」／新しい論理をひっさげて僕に挑みかかるべく、若者が僕を正面から見すえる位置に躰をのりだしてきたために、いまは暗いふたつの弾痕のようにしか見えない若者の眼を、僕は隠微な疑惑の念と共に見かえした。／「鷹はある日、暴力団に参加して、昨日までの、また明日からの、自分の味方を、さんざん殴ったり蹴ったりしたよ！」〉

人間は内面に常に両義性を抱えている。政治は、味方と敵を峻別し、敵を殲滅する運動であるので、人間の両義性を包み込むことができない。それだから、内面に忠実である人間は、極端から極端へと政治的立場を変化させる。蜜三郎と鷹四の曾祖父の弟が、安保闘争のちょうど百年前の万延元（一八六〇）年に大窪村で一揆を起こしたことがある。これについてはさまざまな伝承がある。鷹四が〈曾祖父さんは、弟を殺して村の大騒動をおさめたんだ。そして、弟の腿の肉を一片、喰ったよ。それは、弟の起した大騒動に自分が関係していないことを藩の役人に証明するためだったんだよ。〉と説明するのに対して、蜜三郎は〈いや曾祖父さんは、騒動のあとで弟が森をぬけて高知へ逃げるのを援助してやったんだ。弟は海をわたって東京に行き名前をかえて偉い人になったんだぜ。明治維新前後、手紙を何通か曾祖父さんにおくってきたよ。曾祖父さんは、そのことをずっと黙っていたから、みんながおまえの聞いたような嘘をつくりあげたんだ。なぜ曾祖父さんが黙っていたかといえば、弟のせいで村の人間が沢山殺されたから、その家族が怨みに思って怒るのをふせごうとしたんだよ。〉との見方を示す。真相は作品の結末で明らかにされる。

安保闘争終焉後、鷹四は、米国に渡り、安保闘争に参加した罪を懺悔するという演劇を行う。帰国後、故郷の愛媛県の谷間・大窪村にある倉屋敷を売却することを蜜三郎に持ちかける。買い手は、村の経済を牛耳るスーパーマーケットの天皇と呼ばれる在日朝鮮人ペク（白）・スン・ギであるが、鷹四はこの情報を当初、蜜三郎に伝えない。そこで鷹四、蜜三郎夫妻、星男と鷹四の信奉者である桃子がしばらく大窪村に住むことになる。鷹四は村の青年を集めてフットボール・チームを作る。しかし、それは偽装で、狙いは一揆を起こすことだ。民衆のスーパーマーケットに経済を牛耳られていることに対する反発と朝鮮人に対する民族的偏見を刺激して鷹四は一揆を起こすことに成功する。しかし、鷹四は客観的に見れば事故であることが明白であるにもかかわらず、強姦殺人事件を起こしたと主張し、自殺してしまう。一揆は自然消滅する。

倉屋敷を移動するために解体が始まったとき、その床下の隠し部屋が発見される。

〈――床下は立派な石造りの倉だといってますよ！　本当に、あんた知らなかった？　と白《ペク》は上機嫌でいった。沢山の束柱が立っていて窮屈だけれども、表と奥の続き部屋になっていて、表の間には便所に井戸まであるといってるよ。こんな本や反古の類がいっぱい積っているといってる。ここに狂人か脱走兵を住まわせていたのじゃないか？／かれの手にある汚損した書物の表紙に僕は『三酔人経綸問答全』および東京集成社発兌という文字を読んだ。〉

そこで蜜三郎は、曾祖父の弟について真実を知る。

〈曾祖父の弟は万延元年の一揆後、仲間たちを背後に見棄てて森を抜け新世界に出発したのではなかったのだという発見は早くも動かしがたい。かれは仲間たちが斬首される悲惨を阻止することはできなかったが、かれ自身もみずからを罰したのだ。かれは潰滅の日から地下倉に閉じこもり、そのように消極的な姿勢によってではあるが、生涯にわたって転向はせず、一揆の指導者としての一貫性を持続したのだ。かれの書きのこした様ざまの手紙は、かれが地下倉で読書にふけりながら、若く冒険的な夢からもっと苦い現実感のある夢にいたるまで、もしここより他の場所での生活がありえたならこのような手紙を発信したであろうと想像しては、まさにそのような手紙を書いて地下倉へ食事を差し入れる者に手渡したのにちがいない。地下倉から発見された書物の表紙は、曾祖父の弟がその手紙のうちに引用した憲法をめぐる文章の出所を端的に示している。すべての手紙に発信の場所が欠落していたのは、事実、手紙の書き手がこの地下倉よりほかのいかなる場所にも出発したことはなかったからだ。おなじく曾祖父からかれへの連絡もまた手紙のみによったのであろう。地下倉でただそこに差し入れられる印刷物を熟読し、横浜で読む新聞のアメリカ留学広告や、小笠原島周辺での鯨漁などと様ざまな想像力をくりひろげて日々をすごす自己幽閉者にとって、事がいったん現実的な問題となれば、いったいどのような日常些事がかれの隠れて生きる場所のすぐ傍で行なわれているかを確認することすらも困難だった筈である。地下倉の奥でかれはむなしく耳を澄まして状況を把握しようとし〉ていたのだ。

曾祖父の弟は、転向することも逃亡することもなく、国内亡命者として生きたのである。ソ連時代、体制に異議申し立てをしたが、亡命せずに時を待った国内亡命者たちがいた。ソ連水爆の父であるアンドレイ・サハロフ博士がその代表だ。いつか体制転換につながる時の徴《しるし》があると、国内亡命者は急ぎつつ待ったのである。蜜三郎が曾祖父の弟の真実を鷹四に伝えたいと思っても、鷹四はこの世にいないので不可能だ。蜜三郎は、鷹四の子どもを妊娠した菜採子との関係を再構築し、アフリカに動物採集隊の通訳として旅立つことを決める。蜜三郎は傍観者としての生き方を捨てて、「本当の事」に向かい合うことを志向する。かすかな希望への光が見えてくることで、安心して読書を終えることができる。

「本当の事」をめぐる文学論

この作品では、随所で文学論が展開されている。特に興味深いのが、「本当の事」を言った後、殺されもせず、自殺もせず、精神に変調を来さずに生きていける人間はいるかという問題を巡る蜜三郎と鷹四の議論だ。鷹四は、そのようなことは不可能と考える。事実、軽度の知的障害を持つ妹と性的関係を持ち、妊娠させ、しかも妹には見ず知らずの青年に強姦されたと嘘を言えと命じ、恐らくはそれが原因で妹が自殺してしまったという「本当の事」を蜜三郎に告白した後、鷹四は自殺した。蜜三郎は、作家は小説の中で「本当の事」を言った後も生きのびられるのではないかと尋ねると、鷹四はこう答えた。

〈作家か？　確かに連中が、まさに本当の事に近いことをいって、しかも撲り殺されもせず、気狂いにもならずに、生きのびることはあるかもしれない。連中は、フィクションの枠組でもって他人を騙しおおす。しかし、フィクションの枠組をかぶせれば、どのように恐しいことも危険なことも、破廉恥なことも、自分の身柄は安全なままでいってしまえるということ自体が、作家の仕事を本質的に弱くしているんだ。すくなくとも、作家自身にはどんなに切実な本当の事をいうときにも、自分はフィクションの形において、どのようなことでもいってしまえる人間だという意識があって、かれは自分のいうことすべての毒に、あらかじめ免疫になっているんだよ。それは結局、読者にもつたわって、フィクションの枠組のなかで語られていることには、直接、赤裸の魂にぐさりとくることは存在しないと見くびられてしまうことになるんだ。そういう風に考えてみると、文章になって印刷されたものの中には、おれの想像している種類の本当の事は存在しない。〉

この指摘は小説家だけでなく筆者のようなノンフィクション作家にもあてはまる。ノンフィクションも、事実のどこを選択し、どのように解釈、表現するかについては文学性が要求される。その過程で、自分が書く事柄の毒に免疫されてしまう危険があるからだ。

ペスト

カミュ◉著

人間に不幸と教訓をもたらす疫病

優れた作品は複数の読み解きが可能だ。アルベール・カミュの『ペスト』が一九四七年に上梓されたときは、ナチス・ドイツによるフランス支配という文脈で読まれた。一九五〇年にこの小説の日本語版が刊行されたときも太平洋戦争中の暗黒時代を思い浮かべて読まれたのだろう。一九六九年に新潮文庫に収録された頃、当時の大学生は、バリケードで封鎖された大学の状況と重ね合わせてこの小説を読んだと思う。そして現時点では、新型コロナウイルスとこのウイルスによって引き起こされる肺炎が世界的に猛威を振るっている文脈で読まれている。

小説の舞台は、フランス植民地時代のアルジェリアの港湾都市オランだ。時代は、一九四＊年。下一桁を特定していないことが重要だ。四四年八月まで、アルジェリアは親ドイツの「フランス国」（ヴィシー政権）に抵抗するシャルル・ド・ゴールを中心とするフランス共和国臨時政府の拠点だった。それ以後は、フランスの植民地に戻る。年を特定すると、歴史的出来事との文脈で読者がこの小説を読むことになる。それを避け、テーマを普遍的にするためにカミュは、あえて一九四＊年の出来事としたのだと思う。

この物語の語り部は、医師のベルナール・リウーだ。発端は、些細な変化だった。新型コロナウイルスによる肺炎が、当初は季節性インフルエンザと見なされたのに似ている。

〈四月十六日の朝、医師ベルナール・リウーは、診療室から出かけようとして、階段口のまんなかで一匹の死んだ鼠《ねずみ》につまずいた。咄嗟《とっさ》に、気にもとめず押しのけて、階段を降りた。しかし、通りまで出て、その鼠がふだんいそうもない場所にいたという考えがふと浮び、引っ返して門番に注意した。ミッシェル老人の反発にぶつかって、自分の発見に異様なもののあることが一層はっきり感じられた。この死んだ鼠の存在は、彼にはただ奇妙に思われただけであるが、それが門番にとっては、まさに醜聞となるものであった。もっとも、門番の論旨ははっきりしたものであった――この建物には鼠はいないのである。医師が、二階の階段口に一匹、しかも多分死んだやつらしいのがいたといくら断言しても、ミッシェル氏の確信はびくともしなかった。この建物には鼠はいない。だからそいつは外からもってきたものに違いない。要するに、いたずらなのだ。〉

鼠の死骸はいたずらではなかった。ペストで死んだのだ。ミッシェル老人もペストの典型的症状を示して死ぬ。市内で死者が出始めた。

住民不安を恐れる行政

医師たちには、この感染症がペストであることは明白だったが、行政当局の動きは鈍い。県庁は法令を張り出したが、伝染病であるかは分からないが、悪性の熱病が発生した、というものだった。住民が不安に陥るのを恐れたのだ。新型コロナウイルスに対する各国政府の対応に似ている。法令にはこう記されていた。

〈医者の診断があった場合は、家族のものはこれを義務的に申告し、その病人を市立病院の特別病室に隔離することに同意しなければならないことになっていた。これらの病室は、それにまた、最小限度の期間内に最大限度の治癒の機会をもって患者を看護できるよう設備されているのであった。幾つかの付記条項では、病人の部屋と運搬の車とに強制的な消毒の義務が課されていた。その他の点については、近親者に衛生上の警戒を守るよう勧告するにとどめてあった。〉

しかし、リウーの目からすると、行政当局は事態にまったく対応できていなかった。

〈施行された措置は不十分なもので、それはもう明瞭《めいりよう》なことであった。例の「特別に設備された病室」に至っては、彼はその実状を知っていた――二つの分館病棟から大急ぎでほかの患者たちを移転させ、その窓を密閉し、その周囲に伝染病隔離の遮断線を設けたものである。流行病のほうで自然に終息するようなことがないかぎり、施政当局が考えているぐらいの措置では、とうていそれにうち勝つことはできないであろう。〉

医療崩壊が起きた中国武漢市やイタリア北部の諸都市のようだ。新型コロナウイルスに関しても、自然に終熄することを待つしか手がないのかもしれない。

ペストに対して、対症療法であっても人間の力で徹底的に戦うというのがリウーの医師としての職業的良心だ。これに対して、イエズス会のパヌルー神父は、ペストという試練を前にして、悔い改めが重要と説く。

〈リウーのおぼろげに読みとったところでは、神父にいわせれば、そこにはなんら解釈すべきものはないのであった。（略）一見必要な悪と、一見無用な悪とがある。（略）なぜなら、遊蕩児《ゆうとうじ》が雷電の一撃を受けることは正当であるとしても、子供が苦しむということは納得できないのである。（略）そもそも永遠の喜びが、一瞬の人間の苦痛を償いうると、誰が断言しうるであろうか？　そんなことをいうものは、その五体にも霊魂にも苦痛を味わいたもうた主に仕える、キリスト者とは断じていえないであろう。否《いな》、神父は壁際に追い詰められたまま、十字架によって象徴されるあの八裂きの苦しみを忠実に身に体《てい》して、子供の苦痛にまともに向い合っているであろう。そして、彼はこの日、自分の話を聞いている人々に向って、恐れるところなく、こういうであろう――「皆さん。その時期《とき》は来ました。すべてを信ずるか、さもなければすべてを否定するかであります。そして、私どものなかで、いったい誰が、すべてを否定することを、あえてなしうるでしょう？」／リウーが、神父は異端とすれすれのところまで行っていると、考える暇もほとんどないうちに、神父は早くも力強く言葉を続けて、この命令、この無条件の要求こそ、キリスト者の恵まれた点である、と断言した。〉

パヌルー神父の言説は異端的ではない。キリスト教は本質において人間の知性を信用しない。カトリックの場合、知性と信仰を調和させようと試みるが、プロテスタントの場合はそのような試みを放棄し、「すべてを信ずるか、さもなければすべてを否定するかであります」と考える。パヌルー神父はペストという極限状況でカトリックからプロテスタントに転向したのだ。パヌルーもペストで死んだが「すべてを信じる」という姿勢を崩さなかったので、信仰に殉じたと言ってよいだろう。現下の日本において、新型コロナウイルスという試練が持つ意味を説き明かすことが宗教的に大きな意味を持つのだが、仏教の専門家もキリスト教神学者も恐がってそのような作業には手を染めない。筆者はプロテスタント神学者でもあるが、新型コロナウイルスに対してはパヌルー神父と認識を共有している。

疫病は再来する

翌年になってペストは自然に終熄した。

〈市《まち》の門は、二月のある晴れた朝の明けがた、市民に、新聞に、ラジオに、そして県庁の公示に祝されて、ついに開いた。したがって、筆者に残されたところは、この開門のあとに続いた歓喜の刻々の記録者たることである。――もっとも筆者自身は、すべてをあげてそれに参加する自由を有しなかった人々の仲間であったのであるが。／盛大な祝賀行事が昼間にも夜間にも催された。同時に、汽車は駅で煙を吐きはじめ、一方、遠い海からやって来た船のむれは、すでに市《まち》の港に船首を臨ませ、こうしてそれぞれのやり方で、この日こそ、引き離されたことを悲嘆していたすべての人々にとって、大いなる再会の日であることを鮮明にしていた。〉

ペストのために封鎖された都市が開放され、人々が喜んでいる様子が伝わってくる。しかし、リウーは事態を冷ややかに観察している。

〈しかし、彼はそれにしてもこの記録が決定的な勝利の記録ではありえないことを知っていた。それはただ、恐怖とその飽くなき武器に対して、やり遂げねばならなかったこと、そしておそらく、すべての人々――聖者たりえず、天災を受けいれることを拒みながら、しかも医者となろうと努めるすべての人々が、彼ら個々自身の分裂にもかかわらず、さらにまたやり遂げねばならなくなるであろうこと、についての証言でありえたにすぎないのである。／事実、市中《まち》から立ち上る喜悦の叫びに耳を傾けながら、リウーはこの喜悦が常に脅《おび》やかされていることを思い出していた。なぜなら、彼はこの歓喜する群衆の知らないでいることを知っており、そして書物のなかに読まれうることを知っていたからである――ペスト菌は決して死ぬことも消滅することもないものであり、数十年の間、家具や下着類のなかに眠りつつ生存することができ、部屋や穴倉やトランクやハンカチや反古《ほご》のなかに、しんぼう強く待ち続けていて、そしておそらくはいつか、人間に不幸と教訓をもたらすために、ペストが再びその鼠どもを呼びさまし、どこかの幸福な都市に彼らを死なせに差し向ける日が来るであろうということを。〉

ペストではなく、新型コロナウイルスという形で感染症が二〇二〇年の世界を脅かしている。この感染症は多くの不幸をもたらしているが、そこから教訓を学び取ることがわれわれに求められている。

若い人

石坂洋次郎◉著

昭和十二年、マルクス主義とミッションスクールでの三角関係

教師と女生徒の学園恋愛ものの走りとなった小説だ。北海道の港町の米国系ミッションスクールを舞台に青年教師・間崎慎太郎と同僚でマルクス主義に関心を示す女教師・橋本スミ、早熟で聡明で美人だが自己破壊衝動を秘めた女生徒・江波恵子の三角関係に、思想的会話、東京、京都、奈良などの紀行文を盛り込んでいる。文体も構成も優れているので四百字換算で千三百枚の作品を一気に読むことができる。

『若い人』は、一九三三年五月から三七年十二月まで、石坂洋次郎の出身校である慶應義塾大学を母体とした雑誌「三田文学」に断続的に発表された。石坂は大学を卒業した後、青森県弘前高等女学校に勤務した。翌年、秋田県横手高等女学校に転任。二九年四月に横

手中学に転勤するまでの四年間の女学校での経験が、『若い人』には十二分に活かされている。三七年二月に単行本『若い人』を刊行すると、ベストセラーになり改造社の社運を再興したと言われた。同年十二月には同じく改造社から『続若い人』が刊行された。

昭和初期の円本ブームで、改造社は『マルクス・エンゲルス全集』や『資本論』を刊行し、左翼本で儲けた。しかし、三六年のコムアカデミー事件で共産党系マルクス主義者（講座派）が、つづく第一次・第二次人民戦線事件で、非共産党系マルクス主義者（労農派）が一斉検挙され、論壇でのマルクス主義の影響は一掃された。左翼文献をビジネスにしていた書店はいずれも経営難に陥った。そのような中で、石坂は改造社の救世主になった。

第一次人民戦線事件で逮捕された向坂逸郎は、当時の雰囲気をこう伝えている。

〈昭和十三（一九三八）年の正月号『改造』には、私の長い論文が載ることになっていた。私は、この論文の原稿料で年の瀬をこすことにしていた。しかし、私の検挙とともに、むろんその論文を載せることは禁止された。（略）全く原稿料や著書の印税で食っていた家族の生活の前途は、暗澹たるものであった。／妻は改造社に出かけて、山本実彦さん（引用者註＊社長）に訴えて、『改造』の原稿料をもらってきた。これを留置場で面会にきた妻にきいて、あの時期に、載せられない原稿に原稿料を快く払ってくれた山本さんに、感謝した。中尉か少尉ぐらいの青二才に、立派な大会社の重役が、頭をペコペコ下げる時代

が近づいていたのであるから。／山本重彦さん（実彦氏の令弟）が改造社の営業部長をしていたが、妻に印税をわたしながら、

「あなたの御主人も、つまらん考えをもたんで、こんな本でも書くようにしたら、うんとお金になるのに！」

といいながら、石坂洋次郎さんの『若い人』を指差した。見れば、『若い人』の何版かがどしどし運び出されていました、といって彼女は後年笑ったことがある。〉（向坂逸郎『わが生涯の闘い』文藝春秋、一九七四年）

もっとも『若い人』は、当時の基準からすると、かなりきわどいマルクス主義に関する記述もある。答案用紙を破いた生徒に対して、例えば、橋本スミが口頭で追試をする場面だ。

〈「それでは尋ねますから落ちついて答えなさい――」

宮川は心持仰向き眼を細めてパチパチいわせた。反対に橋本先生は深くうつむいて、指先を唾でぬらしながらゆっくりノートを弾いていた。と、ヒタとノートを押えつけ、

「それでは初めに大きな問題を訊きますよ。……歴史の本質は何ですか?」

「はい。――歴史とは階級間の闘争の歴史であります」

宮川はお経を読むように何の感情も表示することなく答えた。間崎は思わず聞き耳を立てた。無法な！　生徒がこんな真っ裸なことを口走っていいはずがない！……さらに解せ

ないことは、この突飛な解答に接しながら淡々水のごとく冷静な橋本先生の態度だった。

「そうですね。それでは貴女の言う階級間の闘争という事実は、わが国の歴史の上にはどんなふうに現われておりますか」

「はい。昔から今日にいたるまで、政権は貴族から武家へ、武家から平民階級へ推移して参りました。現代はブルジョアとプロレタリアの対立闘争の時代であります。〉

治安維持法下であっても、マルクス主義がかなり広い裾野をもっていたことがうかがわれる。スミが、思想にのめり込み、青年たちを集めて下宿で史的唯物論の学習会を組織するようになったのは、修学旅行で江波恵子と間崎が接近したことに対する当てつけが大きな動機になっている。間崎は二十代後半、スミは二十代前半で、現下の日本人と比較して、教養の水準や会話の内容は、かなり大人びているが、心理は二十代の青年だ。この教養と心理のギャップが実に面白い。

戦前の教師と生徒の姿

さて、間崎が江波に特別の関心を持つようになったのは、彼女の課題作文を読んでからだ。

〈キリストには父がない。マリヤは聖霊に感じておはらみになった。けれども私の母は……。母は若い時からたくさんの男のお友達にたよって一家の生計を支えてきた。私の父と呼ばれるはずの人もそのお友達の一人にちがいない。私の生命が、私の父である人が私の母を侮辱することによってこの世に送り出されたものであるとしても、私は神様を父にもつよりは人間の父をもつことを欲する。罪なき者石にてこの女をうて。私ほど母を愛し私ほど母を憎む者はこの世にいない。〉

現代的に言うならば、愛着障害を抱えた母子関係の物語でもある。この母子が発するエネルギーに間崎は徐々に搦め取られていく。それをスミは引き留めたいと思うのだが、自意識が邪魔をして、素直に行動することができない。江波の母の愛人・江口健吉のトラブルに間崎も巻き込まれ、怪我をする。江波家に泊まり、療養しているときに間崎は江波と一線を越える。間崎の怪我が落ち着き、勤務を再開した。江波が授業中に非常識な質問をしたり、職員室を訪れ間崎となれなれしく話したりする。〈……年頃の娘が、未熟な自分の子宮に、はじめて「間崎慎太郎」という固有名詞をもつ男を受け入れたのだ！　とり乱すのは当り前だ。固有名詞の精液が江波恵子の娘としての生理や心理に強く影響したのだ。責任は一切自分にある！〉と間崎は考える。スミも、間崎と江波が尋常でない関係になったことに気づく。そして、江波に惑わされた被害者のごとく振る舞う間崎に対して怒りを爆発させる。

〈「もう一つ、貴女が江波の肩をもつというのは江波のためなんですか。それとも貴女自身のためなんですか。僕には貴女の気持が江波びいきに変った動機について貴女の反省すべきことがまだまだ残っているような気がするんだが……」

「それは……女性共同の防衛のためですわ……。そう思います……。迷わされたなんていう都合のいい言葉で女一人を片づけてもらいたくないために……」〉

スミは嫉妬で怒っているのではなく、江波に惑わされたと自己の責任を回避する間崎に「あんたはそれでも教育者か！」と職業的良心に基づいた怒りを爆発させているのである。この作品の特徴は、教師も生徒も、実に真剣に学習に取り組み、教育とは人間と人間との全人格的な触れ合いの場であるというゲームのルールを守っていることだ。修学旅行の生徒の記録にそれがよく反映されている。江波が書いた〈時間の関係で造幣局を見逃しのストライクに終らせたことは、倫理的な立場から考えても残念なことだった。ユダに、油じみた機械が一分間に何千万円もの金銀貨幣を無造作に排泄する現場を見学させておいたら、彼はおそらくキリストを売らなかったであろう。〉というような衒学的な文だ。戦前の教育が、書く訓練、話す練習を重視していたということが、この作品の行間から伝わってくる。

最終場面はやや書き急いだ感じがする。多くの事件が続いて起きる。スミが治安維持法違反容疑で逮捕される。間崎は、スミを助けるのではなく、江波と結婚することで、三角関係を清算しようとする。江波はそれを拒絶し、間崎にスミとの生活を始めることを促す。間崎はそれを拒否する。

〈「強情を張るのは止せ。ばか！　僕は暴力でも君を連れかえるんだ。それが僕の義務だ。君の人間をたたき直してやるための……」

間崎はグイグイと二、三歩後に押した。そこで強く踏みこたえた江波は、腋から手を出して、鼻までおおった襟巻を口がきけるように下へひき下ろし、燃えるような眼で間崎を睨み返し、

「何をするんです、先生の卑怯者！（中略）先生は私をどんな人間にしてくれたでしょう？　授業時間中に狐憑きのように手を挙げたり、国語読本の表紙の意味を尋ねたり、休み時間ごとに臆面もなく職員室に入り込んだり……。一生懸命になろうとすればするほどそんなばかげた行ないしか出来ない人間にしてくれたのです。そんなにもみじめな人間に——。（泣く）それが先生の愛だったのでしょうか。先生は私をいちばんスポイルする方法で私に触れたのです。先生は弱いんです。ずるいんです。卑怯なんです。……間崎先生、私はこんなみじめなことを言わずにお別れしたかったの。でも先生があまりしつっこくつけまとうものだから……。とうとう言ってしまったわ。私、でも先生を恨んだりなんかしてませんわ。第一私先生のことなんかすぐ忘れてしまうと思うの。『男』という概念だけを弱く疲れた肺活量でゼイゼイと呼吸しているだけで、個々の人間に対しては一切無差別なの。ママのそういう生活を私もまもなく受け継ぐことになるんだわ。……間崎先生、さよなら。私これからとても楽しい生活に入るみたいな気がしてるの……」

間崎は倒れかかるように江波恵子におおいかぶさっていき、鼻声で、

「わるかった！……僕も君と同じ生活にとび込む！　誰にも知られない一人ぼっちの土地に行って……。恵子さん、わるかった！」

「汚ない！　手を触れちゃいけない、ばか！」

江波は目にも止らない素早さで間崎の頰に烈しい平手打ちを喰わせた。〉

江波は間崎をスミのもとに送り出すことで、無私の愛を成就させようとしているのだ。

それから三日後に、間崎と留置所から釈放されたスミは東北本線で上野に向かう。同じ頃、江波は卒業式で「蛍の光」を歌う。見事な結末だ。

蜘蛛の糸

芥川龍之介◉著

「カラマーゾフの兄弟」と比較して

芥川龍之介の「蜘蛛の糸」は、よく知られている物語だ。ある日、お釈迦様が極楽の蓮池のふちに佇んで、蓮の葉の間から下を見ると地獄の底の様子が見えた。

〈するとその地獄の底に、犍陀多《かんだた》という男が一人、ほかの罪人と一しょに蠢《うごめ》いている姿が、お眼に止まりました。この犍陀多という男は、人を殺したり家に火をつけたり、いろいろ悪事を働いた大泥坊でございますが、それでもたった一つ、善い事を致した覚えがございます。と申しますのは、ある時この男が深い林の中を通りますと、小さな蜘蛛が一匹、路《みち》ばたを這って行くのが見えました。そこで犍陀多は早速足を挙げて、踏み殺そうと致しましたが、「いや、いや、これも小さいながら、命のあるものに違いない。その命をむやみにとるということは、いくらなんでも可哀そうだ。」と、こう急に思い返して、とうとうその蜘蛛を殺さずに助けてやったからでございます。／お釈迦様は地獄の容子を御覧になりながら、この犍陀多には蜘蛛を助けたことがあるのをお思い出しになりました。そうしてそれだけの善い事をした報いには、出来るなら、この男を地獄から救い出してやろうとお考えになりました。幸い、側《かたわら》を見ますと、翡翠のような色をした蓮の葉の上に、極楽の蜘蛛が一匹、美しい銀色の糸をかけております。お釈迦様はその蜘蛛の糸をそっとお手にお取りになって、玉のような白蓮《しらはす》の間から、はるか下にある地獄の底へ、まっすぐにそれをお下ろしなさいました。〉

地獄の血の池で、ほかの罪人と浮いたり沈んだりしてもがいている犍陀多が、上方を眺めると、銀色の蜘蛛の糸が降りてきた。この糸に縋《すが》りついていけば、地獄から抜け出せるかもしれないと考え、犍陀多は懸命に糸をたぐって上に登っていく。

〈すると、一生懸命にのぼった甲斐があって、さっきまで自分がいた血の池は、今ではもう暗《やみ》の底にいつの間にかかくれております。それからあのぼんやり光っている恐ろしい針の山も、足の下になってしまいました。この分でのぼって行けば、地獄からぬけ出すのも、存外わけがないかもしれません。犍陀多は両手を蜘蛛の糸にからみながら、ここへ来てから何年にも出したことのない声で、「しめた。しめた。」と笑いました。ところがふと気がつきますと、蜘蛛の糸の下の方には、数限りもない罪人たちが、自分ののぼった後をつけて、まるで蟻の行列のように、やはり上へ上へ一心によじのぼって来るではございませんか。犍陀多はこれを見ると、驚いたのと恐ろしいのとで、しばらくはただ、莫迦《ばか》のように大きな口を開《あ》いたまま、眼ばかり動かしておりました。自分一人でさえ断《き》れそうな、この細い蜘蛛の糸が、どうしてあれだけの人数《にんず》の重みに堪えることが出来ましょう。もし万一途中で断れたと致しましたら、せっかくここへまでのぼって来たこの肝腎な自分までも、元の地獄へ逆落しに落ちてしまわなければなりません。（中略）そこで犍陀多は大きな声を出して、「こら、罪人ども。この蜘蛛の糸は己《おれ》のものだぞ。お前たちは一体だれに尋《き》いて、のぼって来た。下りろ。下りろ。」と喚《わめ》きました。／その途端でございます。今までなんともなかった蜘蛛の糸が、急に犍陀多のぶら下がっている所から、ぷつりと音を立てて断れました。ですから、犍陀多もたまりません。あっという間もなく風を切って、独楽《こま》のようにくるくるまわりながら、見る見るうちに暗の底へ、まっさかさまに落ちてしまいました。〉

ドストエフスキーとの共通点

筆者は、小学生のときにこの物語を読んでからずっと、これは仏教説話だと思っていた。しかし、そうではないことに気付いたのは、大学生になってからだった。「蜘蛛の糸」は、ドストエフスキーの『カラマーゾフの兄弟』に出てくる「一本の葱」という話の翻案である。現在ならば剽窃《ひょうせつ》問題になるくらい構成が似ている。関連箇所を引用しておく。

〈『昔あるところに、それはそれは意地の悪い女が住んでいて、ぽっくり死んでしまいました。死ぬまでひとつとして美談がありませんでした。悪魔たちがその女をつかまえ、火の湖《うみ》に投げ込みました。そこで、その女の守護天使がそばにじっとたたずみながら考えました。何かひとつでも、この女が行った美談を思いだして、神さまにお伝えできないものだろうか、と。そこでふと思い出し、神さまにこう告げたのでした。この人は野菜畑で葱を一本引き抜き、乞食女に与えました、と。／すると神さまは天使に答えました。《ではその葱を取ってきて、火の湖にいるその女に差しだしてあげなさい。それにつかまらせ、引っぱるのです。もしも湖から岸に上がれれば、そのまま天国に行かせてあげよう。でもその葱が切れてしまったら、今と同じところに残るがよい》。天使は、女のところに駆け出し、葱を差しだしました。さあ女よ、これにつかまって上がってきなさい。そこで天使はそろそろと女を引きあげにかかりました。そしてもう一歩というところまで来たとき、湖のほかの罪びとたちが、女がひっぱり上げられるのを見て、いっしょに引きあげてもらおうと女にしがみついたのです。するとその女は、それはそれは意地の悪い人でしたから、罪びとたちを両足で蹴りおとしはじめたのでした。《引っぱりあげてもらってるのはわたしで、あんたたちじゃない、これはわたしの葱で、あんたたちのじゃない》。女がそう口にしたとたん、葱はぷつんとちぎれてしまいました。そして女は湖に落ち、今日の今日まで燃えつづけているのです。そこで天使は泣き出し、立ち去りました』。〉（ドストエフスキー　亀山郁夫訳『カラマーゾフの兄弟3』光文社古典新訳文庫）

「蜘蛛の糸」が「一本の葱」を下敷きにして構成されていることは、まず間違いないと思う。ただし、二つの物語が持つ意味はまったく異なっている。『カラマーゾフの兄弟』で「一本の葱」について語るのは、グルーシェニカだ。彼女は魔性の女で、父のフョードル・カラマーゾフと長男のドミトリーが諍いを起こす原因を作った。話の聞き手は、フョードルの三男で、修道士になることを望んでいるアリョーシャだ。グルーシェニカは、自らが「一本の葱」に登場する意地の悪い女であると自己規定している。その上で、〈そして女は湖に落ち、今日の今日まで燃えつづけているのです。そこで天使は泣き出し、立ち去りました〉と書かれていることからも明らかなように、もはやグルーシェニカは神から見放されて、救われない状況にあることを強調している。

芥川龍之介の翻案の意図

もっともキリスト教の論理からすると、本人がどのような認識をしているかということと救済は無関係である。福音書が伝えるところでは、もっとも悲惨な状況にある人間のところまで、神はそのひとり子であるイエス・キリストを派遣し、苦しんでいる人を救済するという構成になる。グルーシェニカがアリョーシャに、〈たしかにそう、わたしがこれまで生きてきたなかで人に与えることができたのは、せいぜいその葱ぐらいのものだし、わたしの善行だってその程度のものよ。だから、わたしのことを褒めてほしくないの、アリョーシャ、優しい人とか、おだてないでほしいの、だって、わたしって悪い女なんですもの、それはそれは意地の悪い女なんですもの。だから褒められたりすると、顔が真っ赤になってしまいそう。こうなったら、なにもかも白状してしまうわ。いい？　アリョーシャ。わたし、あなたのことをなんとしても誘惑したくて、ラキートカにしつこく頼んだのよ、あの人をここに連れてきたら二十五ルーブルあげるって、約束までして。〉と告白している。グルーシェニカはアリョーシャを性的に誘惑しているのではなく、「ほとんど善行をしていない私でも何とか救われる術はないか」と訴えているのだ。天使が差し出した葱の役割をアリョーシャが果たしている。キリスト教の救済は因果法則にとらわれない。それだから、この物語を通じて、グルーシェニカもいずれ救済されることが暗示されている。

これに対して、「蜘蛛の糸」に出てくるお釈迦様は、犍陀多の救済についてもはや関心を持っていない。

〈お釈迦様は極楽の蓮池のふちに立って、この一部始終をじっと見ていらっしゃいましたが、やがて犍陀多が血の池の底へ石のように沈んでしまいますと、悲しそうなお顔をなさりながら、またぶらぶらお歩きになり始めました。自分ばかり地獄からぬけ出そうとする、犍陀多の無慈悲な心が、そうしてその心相当な罰をうけて、元の地獄へ落ちてしまったのが、お釈迦様のお目から見ると、あさましく思《おぼ》し召されたのでございましょう。〉

ドストエフスキーが因果応報を越える罪人を救う神の愛を伝えるための小道具として「一本の葱」という物語を挿入したのに対して、芥川はそれを因果応報によって断罪される罪人の物語に翻案したのである。

こころ

夏目漱石◉著

新聞再連載が評判を呼ぶ不朽の名作の深層を探る

朝日新聞が、一九一四年四月二十日から八月十一日に同紙に連載した夏目漱石（一九一六年没）の『こころ』を今年（二〇一四年）四月二十日から再連載している。作家の著作権は、死後五十年で消滅する。従って、この連載の原稿料は一切発生しない。連載小説のリサイクル・ビジネスであるが、読者の評判もなかなかいいようだ。この機会に漱石に対する関心が高まるのはとてもいいことと思う。

『こころ』の大学受験対策用メモを筆者が作成したとすれば、こんな内容になるだろう。

時期　明治末期

構成とあらすじ　上「先生と私」、中「両親と私」、下「先生と遺書」の三部構成。語り手の「私」は、鎌倉へ海水浴に出かける。そこで「先生」を見かける。私の方から先生に接触して交遊が始まる。謎めいた教訓をときどき口にする先生に私は惹き寄せられる。先生の夫婦関係はいまひとつうまくいっていない。先生は、雑司ケ谷にある墓地に月一回、必ず墓参りをする。そこには学生時代の友人が葬られているようだが、先生はその件については何も語らない。

腎臓病が悪化した父を見舞うために故郷に帰る。大学卒業後の就職を心配する両親を安心させるために、私は先生に就職斡旋を求める手紙を書く。これに対して先生から届いたのは分厚い遺書だった。

遺書には、先生の秘密が記されていた。雑司ケ谷の墓地に葬られているのは、先生の親友のK。Kは先生と同じ未亡人の家に下宿し、そこの一人娘を巡って三角関係にあった。Kの想いを知りながら、先生は未亡人に娘との結婚を申し入れ、未亡人は求婚を認める。その数日後にKは自殺する。Kの遺書には、「自分は薄志弱行で到底行く先の望みがないから、自殺する」という抽象的な内容しか書かれていないが、先生はKが自殺した原因は、自分がKを出し抜いて求婚したことにあると確信する。しかし、この認識を誰にも語るまいと先生は封印する。明治天皇の崩御と乃木希典大将の殉死に触発され、先生も自殺を決意する。自殺をする前に、私に宛てた遺書を書く。

ポイント　漱石が、明治という時代の精神と共に自らを一旦殺している。この時代が当時の知識人にとって特別の意味を持っていたことがわかる。

刑法上の犯罪ではない、罪について深く考察している。キリスト教の原罪説が漱石に影響を与えている。

二律背反的な構造

しかし、こういう表層的な解釈は面白くない。優れた古典は、複数の読み解きが可能である。それは、古典のテキストが読者の無意識を刺激するからだ。テキストという氷山の下にどのような氷塊が隠れているかについて、読者は想像を巡らす。とりわけ漱石は、想像の鍵になる言葉を埋め込むのが上手な作家だ。

この作品の冒頭を見てみよう。

〈私《わたくし》はその人を常に先生と呼んでいた。だからここでもただ先生と書くだけで本名は打ち明けない。これは世間を憚《はば》かる遠慮というよりも、その方が私にとって自然だからである。私はその人の記憶を呼び起こすごとに、すぐ「先生」と言いたくなる。筆を執っても心持は同じことである。よそよそしい頭文字《かしらもじ》などはとても使う気にならない。〉

この箇所と先生が自殺した親友にKという頭文字をあてていることを併せて考えると、

Kは親友であるとともによそよそしい存在であったという二律背反的な構造が浮き彫りになる。

私と先生の関係についても師弟関係では説明しがたい部分がある。

〈「恋は罪悪ですか」と私がその時突然聞いた。

「罪悪です。たしかに」と答えた時の先生の語気は前と同じように強かった。

「なぜですか」

「なぜだか今に解ります。今にじゃない、もう解っているはずです。あなたの心はとっくの昔からすでに恋で動いているじゃありませんか」

私は一応自分の胸の中を調べてみた。けれどもそこは案外に空虚であった。思い中《あた》るようなものは何にもなかった。

「私の胸の中にこれという目的物は一つもありません。私は先生に何も隠してはいないつもりです」

「目的物がないから動くのです。あれば落ちつけるだろうと思って動きたくなるのです」

「今それほど動いちゃいません」

「あなたは物足りない結果私の所に動いて来たじゃありませんか」

「それはそうかもしれません。しかしそれは恋とは違います」

「恋に上る楷段なんです。異性と抱き合う順序として、まず同性の私の所へ動いて来たのです」

「私には二つのものがまったく性質を異にしているように思われます」

「いや同じです。私は男としてどうしてもあなたに満足を与えられない人間なのです。それから、ある特別の事情があって、なおさらあなたに満足を与えられないでいるのです。私は実際お気の毒に思っています。あなたが私からよそへ動いて行くのは仕方がない。私はむしろそれを希望しているのです。しかし……」〉

この部分に注目すれば、同性愛小説として読むことも出来る。

さらに複数の死生観について考察した小説としても読むことができる。まず興味深いのが父親の死生観だ。

〈父は死後の事を考えているらしかった。少なくとも自分が居なくなった後のわが家《いえ》を想像してみるらしかった。

「小供に学問をさせるのも、好し悪しだね。折角修業をさせると、その小供は決して宅《うち》へ帰って来ない。これじゃ手もなく親子を隔離するために学問させるようなものだ」

学問をした結果兄は今遠国《えんごく》にいた。教育を受けた因果で、私はまた東京に住む覚悟を固くした。こういう子を育てた父の愚痴はもとより不合理ではなかった。永年《ながねん》住み古した田舎家《いなかや》の中に、たった一人取り残されそうな母を描き出す父の想像はもとより淋しいに違いなかった。／わが家は動かすことの出来ないものと父は信じ切っていた。その中に住む

母もまた命のある間は、動かすことの出来ないものと信じていた。〉

父親は、死については全く恐れていない。個体である自分が死んでも、家が残ると固く信じているからだ。

これに対して、欧米的な近代教育を受けた先生とKは、死を恐れている。実は、ここにキリスト教的な世界観と、日本の伝統的世界観の葛藤がある。「ヨハネによる福音書」の冒頭に、「初めに言があった。言は神と共にあった。言は神であった」と記されているように、キリスト教は言葉の力を重視する。

清教徒的な世界観

先生とKが房総を旅行したときにこんなエピソードがあった。

〈Kは昨日《きのう》自分の方から話しかけた日蓮のことについて、私が取り合わなかったのを、快よく思っていなかったのです。精神的に向上心がないものは馬鹿だと言って、何だか私をさも軽薄もののようにやり込めるのです。〉

Kが先生に下宿の娘への想いを告白したとき、先生は、「精神的に向上心のないものは馬鹿だ」という言葉をKに投げ返し、Kを追い詰める。実は、ここにもキリスト教的精神が隠れている。Kは聖書を持っていてキリスト教に関心を持っていた。しかし、より重要なのは以下の記述だ。

〈Kは昔しから精進という言葉が好きでした。私はその言葉の中に、禁欲という意味も籠もっているのだろうと解釈していました。しかし後で実際を聞いてみると、それよりもまだ厳重な意味が含まれているので、私は驚ろきました。道のためにはすべてを犠牲にすべきものだというのが彼の第一信条なのですから、摂欲や禁欲は無論、たとい欲を離れた恋そのものでも道の妨害《さまたげ》になるのです。Kが自活生活をしている時分に、私はよく彼から彼の主張を聞かされたのでした。〉

これは、キリスト教プロテスタンティズムのピューリタニズムの典型的な主張だ。Kは、ピューリタン（清教徒）的な世界観を持っていたので、「精神的に向上心のないものは馬鹿だ」という言葉から決定的な打撃を受け、自分はもはや人間として生きている価値がないという想念に取り憑かれたのである。その意味では、キリスト教がKを自殺に追い込んだのだ。

さらに先生も、実は言葉によって、死に追い込まれたのだ。

〈すると夏の暑い盛りに明治天皇が崩御になりました。その時私は明治の精神が天皇に始まって天皇に終わったような気がしました。最も強く明治の影響を受けた私どもが、その後に生き残っているのは必竟《ひっきょう》時勢遅れだという感じが烈しく私の胸を打ちました。私は明白《あから》さまに妻にそう言いました。妻は笑って取り合いませんでしたが、何を思ったものか、突然私に、では殉死でもしたらよかろうと調戯《からか》いました。〉

妻の「殉死でもしたらよかろう」という言葉がなければ、先生は死を選ばなかった。先生は、言葉によってKを殺し、妻の言葉によって殺されるのである。

吾輩は猫である

夏目漱石◉著

日本における猫小説の古典

犬と猫は、ペット（愛玩動物）の中でも特別の地位を占めている。最近では、コンパニオン・アニマル（伴侶動物）と呼ばれることも多い。筆者も五匹の猫（いずれも去勢済みの雄）を飼っている。それぞれ独自の性格を持った個性として、筆者は猫に接している。考えを整理するときに、猫を相手に話をすることもよくある。もちろん猫は言葉を話すわけではないが、猫に話すという行為で、筆者の頭の中にあった曖昧な発想が、きちんとした言語になることもよくある。その意味で、五匹の猫は筆者にとって有能な助手なのである。

過去数年、猫を飼う人が増加傾向にあるという。

〈ペットフードメーカーの業界団体「一般社団法人ペットフード協会」（東京都）は1994年から全国調査を実施し、犬と猫の推計飼育数を発表している。昨年の調査では、犬は1035万匹、猫は996万匹だった。調査対象を5万人に増やした過去5年で見ると、犬は12・8％減少する一方、猫は3・6％増えている。飼育世帯数では犬が上回るが、このペースだと今年の調査で猫の数が初めて犬を抜く計算だ。／今年の調査は今月9日で終わり、来年初めに発表の予定。協会の越村義雄名誉会長（67）は「犬を新たに飼う動きは低調だが、猫は2匹目を迎える人も増えている。散歩の必要もない猫は単身者でも飼いやすく、今回は犬猫が逆転するのではないか」と予想する。（中略）／飼い猫にまつわる著書がある精神科医の斎藤環さん（54）は「人への忠誠心が高く行動のわかりやすい犬に比べ、猫は謎めいて予測不能な面白さがある。動画などインターネットでの発信になじみやすく、ネット住民の盛り上がりが現実世界に波及している。一過性のブームでは終わらないだろう」とみる。（机美鈴）〉（二〇一五年十月二十六日「朝日新聞デジタル」）

最後まで読み切れない理由

確かに斎藤環氏が指摘するように、人間の言うなりにならない猫には「謎めいて予測不能な面白さ」がある。猫ブームになると、必ず読み直されるのが日本における猫小説の古典で、夏目漱石の処女小説でもある『吾輩は猫である』だ。筆者もこの本について、猫好きの人と話すことがあるが、話題になるのは、ほとんどの場合、冒頭第一話のエピソードだけだ。「この小説の終わりはどうなっているのですか」と尋ねても、答えられる人は半分もいない。要するに多くの人が手には取るが、最後まで読み切ることができない作品のようだ。

それには理由がある。この小説は、全十話からなる長編だ。「ホトトギス」一九〇五年一月号に第一話が掲載された。漱石としては一回で完結するつもりで書いたのであるが、高浜虚子が「面白いから続きを書け」というので、結果として長編小説になった経緯がある。『吾輩は猫である』は、第一話で端的に描かれている猫の生態を写実した部分と、漱石が猫に仮託して、文明、人物、政治、国際情勢などについて考察した思想的内容に分かれる。そして、作品が進むにつれて、思想的考察の比重が高まっている。従って、思想にあまり関心を持たない読者からすれば、途中から猫小説でなくなってしまうので、つまらなくなって放り出してしまうのだと思う。

猫の生態として、冒頭の描写は傑作だ。

〈吾輩は猫である。名前はまだない。／どこで生まれたかとんと見当がつかぬ。なんでも薄暗いじめじめした所でニャーニャー泣いていたことだけは記憶している。吾輩はここで始めて人間というものを見た。しかもあとで聞くとそれは書生という人間中で一番獰悪《どうあく》な種族であったそうだ。この書生というのは時々我々を捕《つか》まえて煮て食うという話である。しかしその当時はなんという考えもなかったから別段恐ろしいとも思わなかった。ただ彼の掌《てのひら》に載せられてスーと持ち上げられた時なんだかフワフワした感じがあったばかりである。掌の上で少し落ちついて書生の顔を見たのがいわゆる人間というものの見始めであろう。（中略）／ふと気がついてみると書生はいない。沢山おった兄弟が一疋《ぴき》も見えぬ。肝心の母親さえ姿を隠してしまった。その上今までの所とは違ってむやみに明るい。眼をあいていられぬくらいだ。はてなんでも容子がおかしいと、のそのそ這い出してみると非常に痛い。吾輩は藁の上から急に笹原の中へ棄てられたのである。〉

捨て猫の原体験はこんなものなのだろう。捨て猫を保護した経験を持つ人は、ここでぐっと魂をつかまれる。漱石の記述の腕は見事である。

猫には、きまぐれなところと粘り強いところが同居している。この捨て猫は、苦沙弥先生の家に居着くために、類い希な粘り強さを発揮した。

〈ようやくの思いで笹原を這い出すと向うに大きな池がある。吾輩は池の前に坐ってどうしたらよかろうと考えてみた。別にこれという分別《ふんべつ》も出ない。しばらくして泣いたら書生がまた迎えに来てくれるかと考えついた。ニャー、ニャーと試みにやってみたがだれも来ない。そのうち池の上をさらさらと風が渡って日が暮れかかる。腹が非常に減って来た。泣きたくても声が出ない。仕方がない、なんでもよいから食い物のある所まであるこうと決心をしてそろりそろりと池を左に廻り始めた。どうも非常に苦しい。そこを我慢して無理やり這って行くとようやくのことでなんとなく人間臭い所へ出た。ここへはいったら、どうにかなると思って竹垣《たけがき》の崩《くず》れた穴から、とある邸内にもぐり込んだ。縁は不思議なもので、もしこの竹垣が破れていなかったなら、吾輩《わがはい》はついに路傍に餓死したかもしれんのである。（中略）ここで吾輩はかの書生以外の人間をふたたび見るべき機会に遭遇したのである。第一に逢ったのがおさんである。これは前の書生より一層乱暴な方で吾輩を見るや否やいきなり頸筋《くびすじ》をつかんで表へほうり出した。いやこれは駄目《だめ》だと思ったから眼をねぶって運を天に任せていた。しかしひもじいのと寒いのにはどうしても我慢が出来ん。吾輩はふたたびおさんの隙《すき》を見て台所へ這い上がった。すると間もなくまた投げ出された。吾輩は投げ出されては這い上がり、這い上がっては投げ出され、なんでも同じことを四五遍繰り返したのを記憶している。（中略）吾輩が最後につまみ出されようとしたときに、この家《うち》の主人が騒々しいなんだといいながら出て来た。下女は吾輩をぶら下げて主人の方へ向けてこの宿なしの小猫《こねこ》がいくら出しても出してもお台所へ上がって来て困りますという。主人は鼻の下の黒い毛を撚《ひね》りながら吾輩の顔をしばらく眺《なが》めておったが、やがてそんなら内へ置いてやれといったまま奥へはいってしまった。主人はあまり口をきかぬ人と見えた。下女は口惜《くや》しそうに吾輩を台所へほうり出した。かくして吾輩はついにこの家《うち》を自分の住家《すみか》ときめることにしたのである。〉

猫が明確な意思を持ったときの頑固さが、見事に描写されている。そして、捨て猫だった吾輩が保護されたことを知って猫好きはほっとするとともに漱石に好感を抱くのである。

猫好きを裏切るラスト

もっともこの小説の結末を知ったら、猫好きの漱石に対する評価も変化するかもしれない。吾輩は、飼い主たちが飲み残したビールで酩酊して、水甕に落ちて溺死してしまうのだ。

〈水から縁までは四寸余もある。足をのばしても届かない。飛び上がっても出られない。呑気《のんき》にしていれば沈むばかりだ。もがけばがりがりと甕に爪があたるのみで、あたった時は、少し浮く気味だが、すべればたちまちぐうっともぐる。（中略）／出られないとわかり切っているものを出ようとするのは無理だ。無理を通そうとするから苦しいのだ。つまらない。自ら求めて苦しんで、自ら好んで拷問《ごうもん》に罹《かか》っているのは馬鹿《ばか》げている。「もうよそう。勝手にするがいい。がりがりはこれぎり御免蒙《こうむ》るよ」と、前足も、後足も、頭も尾も自然の力に任せて抵抗しないことにした。／次第に楽になってくる。苦しいのだかありがたいのだか見当がつかない。水の中にいるのだか、座敷の上にいるのだか、判然しない。どこにどうしていても差《さ》し支《つか》えはない。ただ楽である。否《いな》楽そのものすらも感じ得ない。日月《じつげつ》を切り落とし、天地を粉韲《ふんせい》して不可思議の太平に入る。吾輩は死ぬ。死んでこの太平を得る。太平は死ななければ得られぬ。南無阿弥陀仏《なむあみだぶつ》々々々々々々々。ありがたい

ありがたい。〉

世の中は、日露戦争の戦勝に浮かれているが、知識人の漱石としては、成金や俗物が大手を振って歩くようになった日本社会に嫌気がさしてくる。そこで、物語が進むにつれて一級の知識人となった猫を事故死させてしまったのである。猫好きの読者には納得できない結末であるが、漱石としては、知識人に居場所がない日本の現状を暗示するような書き方でしか小説を終えることができなかったのであろう。

初出　「文藝春秋」２０１３年10月号〜２０２０年８月号
「ベストセラーで読む日本の近現代史」を再構成した。
オビ写真　鈴木七絵（文藝春秋写真部）
装丁　征矢武

著者略歴

1960年東京都生まれ。同志社大学大学院神学研究科修了後、外務省に入省し、在ロシア連邦日本国大使館に勤務。その後、本省で主任分析官として活躍。2005年に発表した『国家の罠―外務省のラスプーチンと呼ばれて』で第59回毎日出版文化賞特別賞受賞。『自壊する帝国』で新潮ドキュメント賞、大宅壮一ノンフィクション賞受賞。他の著作に『獄中記』『私のマルクス』『交渉術』『読書の技法』『見抜く力』など多数。

ベストセラーに学《まな》ぶ最強《さいきょう》の教養《きょうよう》

二〇二一年九月二十五日　第一刷発行

著者　佐藤《さとう》優《まさる》

発行者　大川繁樹

発行所　株式会社　文藝春秋

〒102―8008　東京都千代田区紀尾井町三―二三

電話　〇三―三二六五―一二一一（代）

印刷・製本所　凸版印刷

DTP製作　言語社

ISBN978-4-16-391436-7